D1703371

Die stinkenden Handschuhe des Chefs

edition innsalz

Titel der Originalausgaben: „Eesti Gootika", erschienen im Verlag Varrak, Tallinn 1999, sowie „Eesti Gootika II", erschienen im Verlag Umara, Tallinn 2004.

edition innsalz bedankt sich bei Eesti Kultuurkapital, dem Fonds „Traducta", für die freundliche Übernahme der Übersetzungskosten. Übersetzung aus dem Estnischen von Irja Grönholm, Berlin.

Irja GRÖNHOLM
Geboren 1951 in Eberswalde, lebt in Berlin; Studium der Biologie an der Universität Greifswald, Abschluß Diplom; 1974-84 wiss. Mitarbeiterin an der Akademie der Wissenschaften der DDR in Berlin. Seit 1984 freie Übersetzerin für estnische Literatur (Belletristik, Dramatik, Kinderbuch, Sachbuch). Zahlreiche Übersetzungen von Romanen u. Kurzprosa (Jaan Kross, Maimu Berg, Mati Unt, u.a.), Theaterstücken (Jaan Tätte, Merle Karusoo, Peeter Jalakas); Mitherausgeberin von „estonia", Zeitschrift für estnische Literatur und Kultur (1990-2004); zahlreiche Veröffentlichungen in Anthologien und Literaturzeitschriften; Mitarbeit bei Dokumentarfilmen, Rundfunksendungen, Tagungen u.a.; Kuratorin für Estland (Kulturjahr der Zehn). Noch unveröffentlichte Arbeiten: Jaan Kross Wikmans Zöglinge; Merle Karusoo Die Störche gehen, die Kälte kommt; Preise und Stipendien: Preis via estica für Übersetzungen aus dem Estnischen, verliehen vom Estnischen Schriftstellerverband 1991; Stipendien im Künstlerhaus Schloß Wiepersdorf, im Baltic Centre for Writers and Translators in Visby/Schweden; Europäisches Übersetzer-Kolleg Straelen.

Ervin Õunapuu
Die stinkenden Handschuhe des Chefs

(c) edition innsalz Verlags GmbH
Pfarrgrund 3, A - 5252 Aspach, Österreich
www.edition-innsalz.at

ISBN 3-900050-34-1

1. Auflage 2004
Titelbild: Erwin Õunapuu
Layout: Wolfgang Ströher
Hergestellt von Interpress, Budapest

Ervin Õunapuu

Die stinkenden Handschuhe des Chefs

DAS BRAVE KIND

Die kleine Lilli aus Noarootsi

„Die Ratte ...! Da! ... die Ratte!", kreischte Lilli, zerrte den Vater am Bart und erwachte. Der drehte sich mürrisch auf die rechte Seite und starrte die schmutzige, roh verputzte Wand an. Dann schloß er die Augen, öffnete sie und schloß sie wieder, dann riß er den Mund auf und rang nach Luft. Er hechelte so schrecklich, daß das heisere Pfeifen Lilli die nackte Angst unter die Haut trieb. Der Vater hatte gesagt, wenn er nach Luft schnappt, darf Lilli das nicht sehen und muß rasch hinausgehen. Mit Macht gegen die Tränen ankämpfend, mit zusammengebissenen Zähnen, machte sich Lilli auf in die Riegenstube.
Sie schob die schwere Tür der Schlafkammer einen Spaltbreit auf und spähte ins Dunkel. In der Riegenstube war es kühl und still. Lilli hievte sich über die hohe Schwelle und berührte mit dem linken großen Zeh den kalten Lehmboden, packte dann mit beiden Händen den rechten Fuß und hob auch den über die Schwelle. Der rechte Fuß war wie aus Stein gehauen. Lilli hatte immer gehofft, der kranke Fuß gehöre gar nicht ihr, und wenn sie eines Morgens erwacht, ist alles wieder so, wie es vor dem Unglück war. Lilli schluckte. Über Unglück darf man nicht nachdenken, geschweige denn reden. Der Vater hat es mit deutlichen Worten verboten, er hat Lilli damals durchgeschüttelt und angebrüllt: „Kein Wort mehr!"
Lilli ging oft in die Riegenstube. Wenn sie die Tür zur Schlafkammer zugeschoben hatte, war es hier drinnen finster wie in einem Sack. Finsternis gefiel Lilli, man fühlte sich irgendwie geborgen, aber ein bißchen gruselig war es auch. Im Finstern ließ es sich gut über die Welt nachdenken. Am meisten dachte Lilli über die Ratte und die Katze nach, aber auch über sich selbst und den Vater. An die Mutter dachte sie höchst selten, denn der Vater hatte gesagt, über Tote darf man nicht nachdenken. Er drohte, wenn Lilli allzu oft an die Mutter denkt, dann ist Kreet eines Tages wieder da, in vermoderten Lumpen, mit dem langen feuerroten Zopf und einer halb erloschenen Zigarette zwischen den knochigen Fingern. Auch das trieb Lilli die nackte Angst unter die Haut. Sie wollte keine rot-

glühende Zigarette in der Riegenstube sehen, hier war doch das pulvertrockene Heu eingelagert – und wehe, wehe, wenn das Feuer fing!
Jetzt war Winter, und im Winter war es in der Riegenstube lausekalt. Für Lilli war es der siebte Winter. Lilli wußte das, denn sie war selber dabei, als der Herr Pastor es zum Vater gesagt hatte. Der Herr Pastor, der auch Lehrer war, hatte mit dem Vater gestritten und befohlen, Lilli sofort in die Schule zu schicken. „Schon ein so großes Mädchen, und noch nicht in der Schule, sie muß doch Lesen und Schreiben lernen –" Der Lehrer hatte eine eigenartige Sprechweise. Nicht wie der Vater, der drauflossprudelte und immerfort nach Luft schnappen mußte, nein, beim Herrn Pastor sangen sich die Worte aus dem Mund. Das war schön anzuhören, außerdem verströmte der Kirchenherr einen angenehm bitterkühlen Pfefferminzduft, denn er lutschte die ganze Zeit weiße runde Kügelchen. Als Lilli sah, wie er sich eines unter die Zunge legte, lief ihr das blanke Wasser aus dem Mund. Sie wischte sich die Lippen mit dem Ärmel trocken und starrte gebannt auf den hellroten Mund des Lehrers, der winzig und gespitzt war, als wäre er mit einem roten Bleistift gezeichnet. Genau wie bei Tante Anu, der Verkäuferin im Dorfladen.
Der Kirchenherr aber lächelte und sprach: „Liebes Kind, Validol ist nun wahrlich nichts für dich", steckte die Hand in die Brusttasche und zog ein seltsames Lederbüchlein hervor. Dem entnahm er ein buntes Papier, reichte es Lilli und mahnte: „Daß du das nicht dem Vater zeigst! Steck es ein, auf der Stelle! Sonst nehme ich es dir wieder weg!" Lilli hatte solche bunten Papiere schon gesehen, für gewöhnlich waren sie zusammengerollt, und in dem Päckchen befand sich ein braunes Häuflein, süß wie Zucker. Aber dies hier war einfach ein Papier. Immerhin, hübsch glattgebügelt, und mit einem Bild von einem alten Mann. Der Alte auf dem Papier sah ein wenig aus wie der Vater, war aber viel schöner gekleidet, und die strähnigen Haare und den zotteligen grauen Bart hatte er auch nicht.
„Was issn das?" fragte Lilli im Flüsterton. Sie hatte sich ziemlich erschrocken, als der Kirchenherr so böse zu ihr gesprochen hatte und stopfte sich jetzt das bunte Papier hastig unters Hemd. Dabei dachte sie, ob sie ihm nicht sagen sollte, daß der Vater schon seit Tagen die Wand anstarrte, kalt wie Schnee war und gar nicht mehr atmete. Lilli beschloß nichts zu sagen, denn der Kirchenherr konnte wieder

böse werden und sie am Genick packen, wie damals, als Lilli nach dem Sommerende den Kopf nicht mehr wenden konnte.
„Das ist Geld. Ein Fünfzig-Kronen-Schein. Dafür kannst du Bonbons kaufen und Weißbrot, und wenn du willst, auch süßes Sprudelwasser. Aber am klügsten wäre, du kauftest Brot und Salz, denn diese beiden Dinge gehören in einem menschenwürdigen Heim auf den Tisch. Dies beides und die Bibel, nicht mehr und nicht weniger! Liegt die Bibel bei euch zu Hause an sichtbarer Stelle?"
Lilli schluchzte: „Aber Vater hat gesagt, Streichhölzer gehören ins Haus. Feuer ist das wichtigste. Das gibt viel mehr Wärme als Ek-lek...!" Sie dachte einen Augenblick nach und piepste. Dann machte sie den Ton noch einmal: „Piiep-piieps!"
Pastor Hummer blickte mit trauriger Verachtung auf den winzigen Teufel hinunter, der eine merkwürdige, gehörnte Mütze trug und seltsam piepste. Er seufzte tief, verbarg seine Hände im Zobelmuff und hob die Augen gen Himmel.
„Streichhölzer! Verfluchtes Lumpenpack, eines Tages werdet ihr noch mitsamt eurem Krempel abbrennen!"
Der Pastor sah oft gen Himmel, ihm gefiel das endlose Blau. Oftmals stellte er sich vor, wie er dort oben, ganz am Ende, stehen würde. Er war sicher, daß es am Himmelsende ein festes Podest gab, oder eine Bohle, oder einen Steg, auf dem man ruhig stehen und an nichts denken konnte. Einfach stehen. Kerzengerade, Hände an der Hosennaht, Augen geschlossen. Den Mund geöffnet zu einem tonlosen Schrei. Tonloser Schrei. Dem Kirchenherrn gefiel dieser Ausdruck. Oft flocht er hunderte von tonlosen Schreien in seine Predigten ein. Tonlose Schreie waren sein Geheimnis.
Pastor Hummer verachtete die Menschen. Dieses kleine stinkende Ding mit seinem falsch zusammengewachsenen Fuß fand er besonders abscheulich. Sah doch gräßlich aus, wie es das rechte Bein nachzog – im Schneematsch blieb eine häßliche Furche, als schleife jemand einen ungehobelten Balken durch das angedickte Schmutziggrau. Und dann noch dieser scheußliche Schwanz! Dem Kirchenherrn schauderte, und er suchte Zuflucht bei einem tonlosen Schrei, indem er in Habachtstellung ging, die Hände im Muff zum Gebet faltete und den Mund weit aufriß. Gleich wurde ihm wohler, und er dachte bei sich: „Ach, tut das gut, Gott, nur du erhörst mich, und schon ist mir besser –"

Lilli stapfte tapfer weiter. Sie richtete ihre wäßrigen Augen auf die Turmuhr. Die schöne große Uhr hatte es ihr angetan. Wenn die beiden geraden Dinger genau übereinander aufrecht zu stehen kamen, öffnete sich eine kleine schwarze Luke, und etwas wie ein Hahn mit einem großen verrosteten Kopf sprang heraus. Ein Weilchen rasselte es, und dann fing das Hahnentier mit schrecklicher Stimme an zu schreien und mit seinen eisernen Flügeln zu schlagen. Das war so spaßig, daß Lilli jedesmal laut lachen mußte. Oftmals warf sie sich sogar auf den Boden und bekam kaum noch Luft. Wenn aber Naftoli mit seinem Schlitten daherkam und bei ihr stehenblieb, hörte Lilli ganz schnell auf zu lachen und rappelte sich auf, denn Naftoli war unberechenbar.

Lilli wußte, daß Naftoli Russe war. Nach dem letzten Krieg hatte er sich eine estnische Frau genommen und ihr die russische Sprache eingeprügelt, wie er selbst sagte. Er hatte seiner jungen Frau gedroht, ihr mit dem Finnmesser die Zunge abzuschneiden, wenn sie dieses schreckliche Estnisch noch weiter gawaritjen – sprechen – würde. Die gute Mäealuse-Imbi weinte sich die Augen aus dem Kopf, aber estnisch vergaß sie von Stund an. Dafür begann sie fürchterlich zu rauchen, verqualmte pro Tag gut drei Schachteln. Naftoli aber kaufte seiner Frau eine schöne schwarze Brille. Jetzt waren die blutunterlaufenen Augen nicht mehr zu sehen, und das Leben ging weiter wie bisher.

Lilli spähte zwischen gespreizten Fingern zu Naftoli hinüber und zog sich langsam zurück. Sie wußte genau, was der Alte jetzt tun würde. Der Russe nimmt aus einem speckigen, rindengeflochtenen Tornister einen rissigen Tonkrug und reibt ihn am Ärmel seines Kutscherpelzes ab, dann steckt er seine blaue Nase tief in den Tornister und angelt unter leisem Fluchen eine Ikone hervor, eine rissige Holztafel, die er sich wie ein Schild auf die Brust bindet. Dann setzt er sich bequem hin, stellt den Krug vor die Füße und stimmt mit unglaublich hoher Stimme einen winselnden Gesang an: „Liiiebe Leeeute, o biiite, pashaaluista, so heeelft mir, ja heeelft mir, pamoogite, pashaaluista!" Der Alte wiegte sich rhythmisch hin und her, schrie zwischendurch auf und zuckte, beruhigte sich aber wieder und winselte weiter. Von seiner verrußten und zerkratzten Ikone stachen die wasserhellen Schlitzaugen des Grigori Pabjedonoshets, des Siegesbringers, hervor.

Lilli erinnerte der Siegesbringer mit dem schrecklichen Blick an die graue Katze, die in dem Lichtkasten die fröhliche Ratte jagte. Lilli sah die tapfere kleine Ratte oft im Traum. Tante Anu aus dem Laden kannte sogar den Namen, er klang irgendwie fremdländisch, Serri oder so ähnlich. Und von der Katze träumte Lilli natürlich auch. Die Katze war gemein. Und ein böser Lügner, genau wie der Vater. Die Ratte dagegen war hübsch und schlau und von einem schönen Grau, genau wie Lillis Mantel und Mütze.

Die Mütze hatte sich Lilli selber gebastelt. Mit der Schere hatte sie etliche Stoffstücke aus dem Rücken des Mantels ausgeschnitten und zusammengenäht. Wenn man den Mantel von vorne sah, war überhaupt nicht zu erkennen, daß er im Rücken ein großes Loch hatte. Und wer schaute schon ihren Rücken an! Lilli wußte sehr gut, daß alle es nur auf ihren verkrüppelten Fuß abgesehen hatten. Wenn sie ins Dorf ging, dann konnte sie ja beim Laden mit dem Rücken zur Wand stehen oder einfach in einem Busch hocken, auch die Augen konnte sie schließen – dann gab es überhaupt niemanden und nichts mehr.

Die Mütze war sehr schön, mit zwei runden Ohren, wie bei einer richtigen Ratte. Lilli hatte den grauen Stoff mit gekochter roter Beete eingerieben, und nun waren die Ohren von innen rosa – genau wie bei der Ratte im Lichtkasten. Mit einem angesengten Korken hatte sich Lilli unter der Nase lange Schnurrhaare gezogen, und auch die Nasenspitze war schwarz und glänzte. Zuhause band sich Lilli den Schwanz an, aber wenn sie ins Dorf ging, machte sie ihn meist ab, beim Laden waren so viele Leute, da konnte einer drauftreten und ihr wehtun. Der Schwanz war grandios – aus dickem Hanfstrick und dreimal so lang wie Lilli selber, durchzogen von einem dicken Draht, steif und stark wie eine Trosse. Lilli färbte den Schwanz mit Morast grau, und wenn sie an den Feldern oder Grabenrändern dahinhinkte und piepste, fühlte sie sich mit jedem Tag mehr wie eine echte Ratte, deren wacher Instinkt sie immer wieder vor der stählernen Falle bewahrt hatte.

„Huch! Piieps – piieps!"

Jetzt erschrak Lilli aber wirklich. Sie hatte die ganze Zeit geglaubt, in der finstren Riegenstube zu stehen, aber – Pieps! Herr im Himmel! – sie war ja beinahe schon beim Laden! Lehrer Hummer und Naftoli – sie war ihnen wirklich begegnet! Wie schön! Lilli hinkte eilig weiter.

Das Haus mit dem Laden, ein graues Steinhaus mit rotem Dach, war schon deutlich zu sehen. Lilli bewunderte den großen weißen Teller neben dem Schornstein. Sie war sicher, daß er dem Teufel gehörte oder einem Riesen, der ihn in der Eile vergessen hatte. Lilli schluckte. Bei ihr zu Hause gab es keine Teller. Sie hatten zu Hause nicht einmal etwas, das sie auf die Teller hätten legen können. Wenn der Vater manchmal Brotkanten, Knochen oder Strömlingsköpfe mitbrachte, wurde alles gleich hastig vom Papier verschlungen, und oft würgte der Vater sogar noch das fettige Stück Zeitung hinterher. Wenn sie ganz genau hinsah, konnte sie im großen Schaufenster schon den flackernden Zauberkasten erkennen. Lilli blieb stehen, um den gelben Bus vorbeizulassen, hob den Blick und erstarrte vor Glück.

„Pieps!"

Der leuchtende Kasten zeigte die Ratte und die Katze, die ihre üblichen Streiche vollführten. Das große und böse Katzengesicht bedeckte den Kasten beinahe gänzlich – man konnte die schrecklichen, scharfen Zähne erkennen und die lange rote Zunge. Lilli fand, daß sie der Katze Dampf machen sollte, und rief: „Ich bin hier! Ratte Lilli ist hier!" Und stolperte, ihren schweren Schwanz schwenkend, auf die Fahrbahn, direkt unter die Räder der hinter dem Bus hervorschießenden gepanzerten Limousine.

Minutenlang fuhren sie schweigend. Als die Lichter von Haapsalu auftauchten, fragte der grauhaarige Herr auf dem Rücksitz mit gedämpfter Stimme:

„Was war das eben? Ich frage, was das war."

Der Adjutant neben dem Chauffeur wandte sich halb um und rapportierte:

„Das war eine Ratte. Einfach eine Ratte."

Der grauhaarige Herr begann seine Brille zu putzen.

„Möglich. Hier gibt es viele. Am Strand liegt fauliger Seetang. Seetangbrei."

Der Adjutant nickte.

„Heinar, Sie müssen nicht so laut reden", meinte der Herr. „Mein Gehör ist vollkommen in Ordnung."

Grienend zündete er sich eine Marlboro an, sog den würzigen Rauch genußvoll bis in die Lunge und versetzte leise:

„Es müßten kleine Tunnel gebaut werden. Unter allen Landstraßen hindurch, wie in Europa. Habe ich recht?" Aus irgendeinem Grund betrachtete er lange sein goldenes Feuerzeug.

Plötzlich hörte der grauhaarige Herr eine leise Kinderstimme neben sich, die neugierig fragte:

„Was issn das?"

Der Herr schlug hastig die schwarze Agenda auf, schraubte den Verschluß seines Parker ab und trug mit großen, deutlichen Buchstaben in die erste Spalte des nächsten Tages ein: Mission. Dann wandte er das Gesicht der getönten Scheibe zu und bewegte nachdenklich den Mund.

Das stumme Mädi

Klein-Liisbet faltete die Hände, schaute der Gipspuppe mit dem gesprungenen Kopf in die Augen, holte tief Luft und begann:
„Guten Abend, wir sind es wieder. Aus der Großen Amerikastraße, aus dem grünen Haus, zweiter Stock. Ich, Liisbet Meigas, zwölf Jahre alt – du kennst mich doch, lieber Gott? Und mein kleines Mädi. Mädi kennst du doch auch? Mädi ist eine Puppe, schau, hier neben mir. Wir haben jeden Abend und jeden Morgen mit dir gesprochen. Am Tag auch, wenn uns keiner gehört hat. Nicht, weil wir uns deinetwegen schämen würden, das darfst du nicht denken. Wir wollen nur nicht mit dir sprechen, wenn uns jemand dabei zuhört. Wir gehen auch nicht in die Kirche, und zwar gehen wir deswegen nicht hin, weil in der Kirche alle nur gucken und mit dem Kopf wackeln. Aber in Wirklichkeit erlaubt uns Mama nicht in die Kirche zu gehen, denn in der Luise-Straße könnte man überfahren werden. Mit Papa aber waren wir da, du erinnerst dich doch, lieber Gott? Bestimmt hast du uns in der Kirche gesehen. Zu Weihnachten und zum Jahrestag der Republik und zur Beerdigung von Tante Hilda. Also wir kennen das große Steinhaus mit den zwei Türmen, wo du manchmal wohnst, ganz genau. Das ist von unserer Straße aus zu sehen, aber nur von einer Stelle, zwischen dem Dach und dem Baum. Aber jetzt sagen Mädi und ich zu dir: Vielen Dank."
Liisbet packte die Puppe, und sie machten gemeinsam eine tiefe Verbeugung. Liisbet schaute die Puppe an und mahnte:
„Na, Mädi, du auch! Vielen-vielen Dank, lieber Gott, daß du gemacht hast, daß Onkel Gunnar sich den Kopf aufgeschlagen hat!"
Das Mädchen sah die Puppe an, und ihr war, als schüttelte die den Kopf.
„Mädi, du mischst dich jetzt nicht ein. Laß mich in Ruhe mit dem lieben Gott reden."
Die Puppe rührte sich nicht, und Liisbet fuhr fort.
„Sei so gut und mach, daß Onkel Gunnar nie mehr aus dem Krankenhaus kommt. Mach, daß sein Kopf nie mehr heil wird. Dann kann er mich nicht mehr einfangen und mir wehtun. Sag, hast du wirk-

lich gemacht, daß er im Keller hingefallen ist? Wenn nicht, dann wäre wieder das Schlimme passiert, wie vorigen Sommer. Du weißt ja, was passiert war. Da im Keller. Erinnerst du dich, warum ich damals ins Krankenhaus mußte? Ich habe es dir doch erzählt. Nur dir! Mutter, Vater und der Polizist haben es nie erfahren. Sag, daß du dich erinnerst."
Liisbet starrte auf den dunklen Himmelsfleck, der durch das winzige Fenster zu sehen war und schielte zu Mädi hinüber. Die Puppe verharrte reglos und sah mit ihren aufgemalten Augen an ihr vorbei. Das Mädchen schwieg, dann fing es tonlos an zu weinen. Es preßte durch die Tränen:
„Ich will nicht mehr an das Schlimme denken! Ich will nicht mehr davon reden. Aber ich kann nichts dafür, immerzu muß ich dran denken. Ich sage mir zwar, du denkst jetzt nie mehr an das Schlimme. Aber es kommt wieder! Die ganze Zeit ist es da, obwohl ich es nicht will! Mädi will es auch nicht! Mädi hat alles gesehen, das weißt du ja. Sag, daß du es weißt! Ich hatte doch Mädi im Arm. Bevor Onkel Gunnar mich hingeschubst hat, hat er gelacht und gemeint: „Na, kleines Mädi!" Ich dachte, er meint die Puppe, ich habe auch gelacht und sie ihm hingehalten. Aber Onkel Gunnar ist furchtbar wütend geworden und hat mir Mädi aus der Hand gerissen und gegen die Wand geworfen. Guck, hier, Mädis Kopf ist hinten kaputt und eine Hand auch. Siehst du das?"
Die Puppe fiel stumm zur Seite. Liisbet drehte den Kopf der Puppe so, daß jene sie mit ihren leeren Augen ansah. Der Kopf knirschte ein wenig, weiße Gipskrümel fielen in der Dunkelheit auf das matt leuchtende Kissen.
„Verzeih, Mädi!"
Liisbet feuchtete den Finger an, tupfte die Gipskrümel auf und schnipste sie unters Bett. Dann faltete sie die Hände erneut und schloß die Augen.
„Wir sind es nochmal. Wir – Liisbet und Mädi. Keine Angst, lieber Gott, diesmal bitten wir dich um nichts. Denn neulich hast du mir wirklich geholfen. Der Onkel Doktor hat auch gesagt, daß es nur dir zu danken ist, daß Onkel Gunnar hingefallen ist. Denn sonst wäre es viel schlimmer ausgegangen. Und daß es nur dir zu danken ist, daß die Axt gerade am Hauklotz lehnte. Du weißt doch, daß man die Axt normalerweise in den Hauklotz haut und da stecken

läßt? Aber diesmal war das nicht so. Irgendwer hatte die Axt einfach gegen den Hauklotz gelehnt. Ich bin sicher, daß du das warst, lieber Gott! Ich glaube, Mädi ist auch ganz sicher. Also nochmals, vielen Dank für deine Hilfe!"
Liisbet schaute zu Mädi, nestelte an einer Haarsträhne und biß sich auf die Lippen.
„Wir haben dich schon so oft um ein Eis gebeten. Onkel Fjodor aus Wohnung vier hast du eine Fellmütze besorgt, und Milena aus der Drei hast du gestern Briketts geschickt. Milena hat allen erzählt, daß es nur dir zu danken ist, daß das Kohlenauto endlich doch gekommen ist. Du machst die großen Leute glücklich. Aber warum denkst du nicht an die Kinder? Willst du mir wirklich nicht ein einziges Eis schicken? Zwei müssen es nicht sein, Mädi ist ja eine Puppe. Naja, ich sehe schon ein, das im Keller hast du gut gemacht. Daß du mich gerettet hast. Aber ein Eis hätte ich mir auch gewünscht. Die Rollschuhe wünsche ich mir gar nicht mehr so sehr. Ich weiß, daß du nicht unendlich viel Geld hast, du hast ja den Leuten bei uns im Haus schon so viel geholfen. Ich habe nämlich gehört, wie Onkel Meinhard sagte, Gottseidank hätte er jetzt ein neues Auto. Mädi hat es auch gehört. Ich hatte sie gerade im Arm. Und dir ist zu danken, daß bei uns nur zweimal eingebrochen wurde, das hat der Wachtmeister gesagt. Wir haben es beide gehört. Aber jetzt das allerwichtigste. Mein Vater hatte einen Onkel zu Besuch, der in Deutschland wohnt. Also, der Onkel war bei uns auf Reisen. Und sie haben sich in der Küche unterhalten. Meine Mutter hat zwar gesagt, kommt doch rein ins Zimmer, aber mein Vater war dagegen, sie würden nicht ins Zimmer kommen. Du hörst mir doch zu, lieber Gott?"
Liisbet schwieg und hielt die Luft an. Hinter dem Baumwollvorhang schnauften die Eltern, auf der Straße hielt ein spätes Auto. Wahrscheinlich ein Taxi. Liisbet räusperte sich und fuhr fort:
„Weil es in der Küche besser ist, sie würden ja auch rauchen. Und es wäre wichtig, die Manuskriptsache in Ruhe zu besprechen. Ich habe mit Mädi in der großen Holzkiste gespielt. Du weißt doch, daß die Holzkiste im Sommer leer ist? Nur auf dem Boden liegen noch Rindenstückchen und Holzsplitter. Weißt du überhaupt, wie schön die duften, und wie dunkel es da drin ist, wenn man die Plane drüberzieht? Zwischen den Brettern sind Spalte, durch die sieht man Zau-

berlicht! Verstehst du, das Licht ist wie in Streifen geschnitten. Wie in einem Spukschloß. Mein Vater und der deutsche Onkel, Wolfgang hieß er, redeten über dich. Onkel Wolfgang hat mehr geredet. Er hat ganz schlimme Sachen über dich gesagt, ich hatte richtig Angst in meiner Kiste! Ich habe drauf gewartet, daß du kommst und ihn strafst. Aber du bist nicht gekommen. Sag, warum bist du nicht gekommen? Ich bin ganz müde, morgen muß ich früh aufstehen, weil ich ja zur Schule muß. Jetzt sei so gut und sag, warum du den deutschen Onkel nicht bestraft hast. Nun sag schon, warum bist du nicht gekommen!"
Liisbet knetete ihre Hände und starrte gebannt auf das Stückchen Nachthimmel, das sich zwischen den Gardinen zeigte. Und wartete. Wartete noch eine Weile. Dann warf sie einen Blick auf die Puppe und flüsterte eindringlich:
„Schschsch –! Mädi schläft! Es ist schon spät, sag jetzt nichts mehr! Aber ich verrate dir ein Geheimnis. Ein ganz großes. Du ahnst es bestimmt nicht. Du hast ja so viel zu tun, du kannst dir nicht alles merken ... Die Axt war gar nicht am Hauklotz. War sie nicht! Das glauben bloß alle! Nur Mädi weiß, wie es wirklich war. Aber Mädi ist eine Puppe, und Puppen können nicht sprechen, außerdem ist sie gerade eingeschlafen. Und ich schlafe jetzt auch gleich ein. Gute Nacht, lieber Gott."

Das brave Kind

Es war Weihnachtsabend, und alle neun Kinder des Rehessaare-Hofes standen am Ofen, aufgereiht wie die Westenknöpfe. Mutter Juula entfernte die Holzluke vom Ofenloch, und der süßsaure Duft von frischgebackenem Brot strömte in die Riegenstube. Familienvater Aleksander saß am Ende der Bank, um die Schultern eine Uniformjacke der Sowjetarmee mit dem Rangabzeichen eines Serganten und Schweißperlen auf der Stirn. Er sog an seiner Pfeife, betrachete seinen Ältesten, den dreizehnjährigen Ruudi, und belferte plötzlich los: „Und was bist du für einer!?" Ruudi wurde feuerrot: „Ich bin Rudolf Teär, Ihr ältester Sohn." – „Du lügst, du Dreckskerl! Du bist nicht mein Sohn! Du bist eine Leberwurst!" Aleksander zielte mit seinem schmutzigen Finger auf Maali und Leenu und flüsterte: „He, ihr Zwillinge! Freßt sie auf, die Leberwurst!" Ruudi stand stramm und zog den Bauch ein. „Na siehst du. Braver Junge!" Der Vater sah zu den Mädchen hinüber und hob bedauernd die Hände: „Jetzt müßt ihr verhungern, die Wurst ist gerade zur Tür raus. Guckt, nur der letzte Zipfel ist noch zu sehen!" Aleksander stocherte mit der Krücke im Türspalt, als wollte er eine Schlange ärgern. Alle lachten beflissen, besonders die Zwillinge Maali und Leenu, die am Rücken zusammengewachsen waren. Sie wußten, daß es dem Vater gefiel, wenn man über seine Späße lachte. Nach Mutter Juulas Ansicht aber waren sie so schrecklich, daß sie oftmals weinen mußte. Doch ihr Weinen klang wie Lachen, und als sie eben wieder aufstöhnte und sich die Tränen trocknete, dachte Aleksander, daß die Frau Tränen gelacht hatte, und klatschte vergnügt in die Hände. Ruudi klatschte mit, und ihm schlossen sich alle anderen an: die zehnjährige Sirli, die neunjährigen Maali und Leenu, der siebenjährige Johannes, die sechsjährige Sünne, der fünfjährige Kalju, der vierjährige Cornelius und die dreijährige Hilda. Sogar Juula schlug pflichtbewußt die Handflächen ein paarmal gegeneinander, aber dann fiel ihr Blick auf die Kinder, und sie wurde von unermeßlicher Traurigkeit gepackt. Sie hatte alles in allem einundzwanzig Kinder geboren, und nur neun waren am Leben geblieben. Alle übrigen waren Totgeburten oder starben, kaum daß sie die Sonne gesehen hatten. Juula liebte ihre Kinder sehr. Besonders stolz war sie auf die siamesischen Zwillinge, denn solch ein Wunder gab es nicht einmal auf dem Jahrmarkt von Avinurme. Der Blick der Mutter blieb auf dem grauhaarigen Johannes hängen, und die Tränen begannen wieder zu kullern. Johannes war ein außergewöhnliches Kind, und das schon von Geburt an. Juula hatte den Sohn annähernd zwölf Monate getragen, und als der Junge schließlich zur Welt kam, hatte er den Mund voller weißer Zähne und auf dem Kopf Haare, grau wie Silberpappelblätter. Aleksander hatte, das Kind kaum erblickt, entgeistert ausgerufen: „Was ist denn das für ein Wundertier? Doch nicht etwa Zar Saltan?" Juula lächelte müde: „Das ist unser kleiner Sohn. Ich habe ihm den Namen Johannes gegeben. Im Gedenken an Johannes den Täufer." Aleksander brummte sich etwas in den Bart und ging. Die Tür knallte. Juula sah aus dem Fenster, wie der Mann sich die Skier anschnallte, nach den Skistöcken griff und den Hang hinuntersauste. Ihr wurde weh ums Herz: „Wo will der Kerl so spät am Abend noch hin? Hilf Himmel, es ist doch gleich dunkel! Fährt sich im Wald noch die Augen aus dem Kopf oder endet im Viheruse-Fluß! Nein, dieser verrückte Kerl!"

Aleksander kam erst gegen Morgen nach Hause, lehnte die Skier an die Hauswand, trampelte sich den Schnee auf dem großen Stein vor der Haustür von den Stiefeln und betrat knirschend das Haus. Sein Holzbein knackte, als er zu Juulas Strohsack schlich, er beugte sich hinab, hob die schwere Kuhfelldecke an und flüsterte seiner Frau ins Ohr: „Ich habe nachgedacht, soll er ruhig Johannes heißen." Dann zog er die Felldecke zurecht und schlich zur Wiege des kleinen Johannes. Das Familienoberhaupt verkniff sich gewaltsam das Lachen, aber doch entschlüpfte ihm ein kurzes Prusten, als er dem Säugling seine weiße Zunge herausstreckte und flüsterte: „Und ich meine, du heißt Petrus! Und bist ein richtiger Fischer!" Er zog einen Flachmann aus seinem Hemd und aus der Tasche ein Stück Schaffell, goß eine grünbraune, stinkende Flüssigkeit auf die Fellseite und begann die Wiege abzureiben. Er rieb die gesamte Wiege gleichmäßig mit Hechtgalle ein, so daß der durchdringende Gestank das Neugeborene die Nase rümpfen und niesen ließ. Der Familienvater hielt kurz inne, dann machte er weiter, bis auch die letzte Ecke ausgerieben war. Trotzdem blieb noch etwas übrig. Als der Mann die

Flasche prüfend schüttelte, gluckste noch ein Rest darin. Er dachte einen Augenblick nach, dann kippte er den Flascheninhalt wie einen Schnaps hinunter. Die Hechtgalle brannte und verursachte Brechreiz. Aleksander stopfte sich das Stück Schaffell als Pfropfen in den Mund und ging zu Bett. Juula sah und hörte alles, aber getraute sich nicht zu rühren, sondern lag auf dem Stroh und tat, als ob sie schliefe. Die Tränen flossen, und die Angst wühlte wie ein eiserner Speer in der Seele.

Das war sieben Jahre her. Juula nahm die ersten Brote heraus. Fünf runde Brote dampften auf den Kohlblättern. Juula löste ihren langen grauen Zopf, tunkte das Haar in den großen Honigzuber und strich es über den Broten aus. Der Honig floß auf die heiße Brotrinde wie auf einen heißen Stein, und die Riegenstube füllte sich mit duftendem Dampf. Der kleine Cornelius wurde bleich im Gesicht und sank ohnmächtig auf den Lehmboden. Dabei zerbrach er die große Tonschüssel, in der Juula Milch zum Säuern vor den Ofen gestellt hatte. Auf dem Rehesaare-Hof gab es jeden Abend saure Milch mit Salz. Jeder trug seinen Holzlöffel mit einem Geheimzeichen am Band um den Hals, und jeder Löffel war ein Kunstwerk für sich, vom Familienoberhaupt persönlich gefertigt. Nur Aleksander und Juula hatten keinen Löffel, sie schöpften ihre Milch mit bloßen Händen. Das Brot wurde von Mutter Juula gebrochen. Sie tat es unter dem strengen Blick des Familienvaters und nach genauen Regeln, wobei ihr die Breite von Aleksanders Mund als Maß diente. Vom Salz durfte man sich aufs Brot streuen, soviel man wollte – Aleksanders Vater, der alte Rehessaare-Kimmu, hatte es vor dem Krieg bergeweis gehortet. An jenem Abend, als er sich ans Sterben machte, wälzte er sich auf den Salzsäcken hin und her und wetterte: „Teufel noch eins, daß ich das Salz nicht mit ins Grab nehmen kann!" Tat die Augen zu, ruckte mit dem Kopf, spuckte Blut, öffnete die Augen nochmals und ächzte: „Noch schlimmer, daß du und dein verfluchtes Weib sich alles einverleiben werden!" Daraufhin fuhr die Seele des Rehessaare-Kimmu endgültig aus dem Körper. Aleksander war sicher, daß sie sich in den Deckenbalken der Riegenstube verfangen hatte, denn an Novemberabenden drang heftiges Husten und Fluchen von dort her. Aleksander versuchte sich in allen möglichen alten Künsten, um den Geist zu verscheuchen, doch nichts half – ungehindert vergiftete Kimmu den Frieden und die

Luft auf Rehessaare, und an heißen Sommertagen stank es in der Riegenstube wie in einer Tonne mit fauligem Fleisch. Ja, so war das. Juula blickte verzweifelt auf die Scherben und die Milchlache, dann spähte sie zu Aleksander hinüber, dessen Gesicht unheilverkündend grau wurde. Juulas honigverschmiertes Haar hing ihr wie eine Gardine vor dem Gesicht. Sie warf es mit einem Ruck nach hinten, und der klebrige Honig spritzte in alle Ecken. Der Backofen zischte wie eine Giftschlange und spuckte Dampf, Aleksander wischte sich die Spritzer aus dem Gesicht und donnerte: „Was soll das jetzt heißen!" Er hieb sein Holzbein gegen den platten Stein vor dem Herd: „Ich frage, was das heißen soll!" Cornelius schlug die Augen auf, schaute den Vater mit verhangenem Blick an und flüsterte: „Ich, Cornelius Teär, vier Jahre alt, bin hingefallen. Mir wurde schwarz vor Augen, und ich stürzte. Ich bitte um Vergebung, daß ich die Schüssel kaputt gemacht habe." – „Und die Milch?" – „Die Milch ist von alleine ausgelaufen, als die Schüssel kaputtging." Cornelius lutschte sein milchdurchtränktes Hemd geräuschvoll aus. Aleksander winkte den Jungen näher: „Aha, die Milch ist also von alleine ausgelaufen? Sei ein braver Junge, Cornelius, und zeig mir, wo die Milch ihre Beine hat." Alles erstarrte und blickte aufs Familienoberhaupt, aber kaum war ein Augenblick vergangen, scholl fröhliches Gelächter durch die Stube – der Vater hatte wieder mal einen Scherz gemacht. Juula wischte sich die Tränen, wiegte den Kopf und dachte bei sich: „Nein, der Alte aber auch mit seinen Späßen! Jetzt bin ich aber froh ..." Aber schon brüllte Aleksander: „Milch hat keine Beine! Sie hat keine! Und sie braucht auch keine, weil sie ist wie eine Schlange! Wer hat schon mal gesehen, daß eine Schlange Beine hat?!" Die ganze Familie lachte. Johannes hob schüchtern die Hand. Der Vater bemerkte es und nickte gnädig. Der kleine Grauschopf errötete vor Freude und stotterte: „A-aber ver-verehrter und klu-kluger Va-ter, i-ich bi-bitte Sie erge-ge-benst ..." Aleksander donnerte dazwischen: „Hör auf mit dem Gestotter!" Und Johannes endete in einem Atemzug: „... daran zu denken, daß auch Fische keine Füße haben!" Juula schlug erschrocken die Hand vor den Mund. Aleksander kniff die Augen zusammen und dachte: „Guck an, das ist wirklich ein Petrus! Der Fischer Petrus!", aber er sprach es nicht aus, sondern fragte: „Was mußt du jetzt sagen?" Johannes fiel auf die Knie und flüsterte:

„Herr, erhebe dich von mir, denn ich bin ein sündiger Mensch." Juula rang verzweifelt die Hände, die Kinder standen stumm, nur Leenu, eins der Zwillinge, gähnte mit geschlossenem Mund. Aleksander nickte und schnipste mit dem Finger, als Zeichen für Cornelius. Der Junge nahm ein Stückchen erkalteter Holzkohle aus dem Feuerloch und trat näher an den Ofen heran. Er zog einige Linien auf der weißgekalkten Fläche und begann mit singender Stimme zu predigen. Alle, auch der Familienvater, hefteten ihre Blicke auf die Linien und hielten den Atem an, um den Jungen besser zu verstehen. Die Kohle knirschte leise, und Cornelius' helle Stimme schwang sich bis unter die Deckenbalken der Riegenstube: „Ratet, ratet, was das ist – der Körper hat eine eigenwillige Form, er ist so lang und so breit, auch der Kopf ist ziemlich langgezogen ..." Ruudi lief rot an, hob langsam die Hand und sagte: „Ein Ferkel!" Aleksander schrie: „Falsch!", zog drohend den Riemen mit der schweren Messingschnalle aus den Schlaufen seiner Hose und blickte zu Cornelius: „Habe ich recht?" Der Junge nickte heftig und fuhr fort: „Die Färbung verändert sich, je nach Alter. Rücken und Kopf sind schwärzlich-grün, die Seiten heller, olivgrün bis graugrün, besetzt mit gelben Punkten oder schrägen Streifen, der Bauch und die Kehle sind weiß ..." – „Das ist doch ein Schwälbchen! Eine Rauchschwalbe, unser Nationalvogel!" rief die Familienmutter freudig aus, dann aber erbleichte sie und schaute Aleksander erschrocken an. Cornelius schluchzte auf und sagte leise: „O Mutter, liebste Mutter, das war die falsche Antwort! Herrje, was soll jetzt nur werden ..."
Juula fiel auf die Knie und begann fieberhaft zu flüstern: „Liebster Jesus, der du mich immer beschützt hast ..." Ihr Flüstern ging über in eine tonlose Klage. Aleksander ließ den Jungen nicht zu Ende sprechen, sondern schüttelte den Riemen und bellte: „Weiter! Ihr werdets schon erraten!" Cornelius fuhr singend fort: „Ein breites Maul und ein großer Schlund ermöglichen es, relativ große Beutestücke zu verschlingen. Die Augen sind verhältnismäßig groß, sie liegen nahe der Schädeldecke und sind mit einem schützenden Knochenbogen ..." Der kleine Blondschopf Kalju begann plötzlich zu winseln: „Iiiiii-iiiiii-iiiii!" Juula rappelte sich mit krachenden Gelenken hoch: „Kindchen! Was ist denn? Kalju, was hast du?!" Kalju klatschte in die Händchen und trompetete durch die Nase: „Das ist 'ng Hech, das ist 'ng Hech!" Aleksander ließ den Riemen mit voller

Wucht auf den Tisch knallen: „Das ist ein ganzer Mann! Tüchtig, Kalju! Das ist ein Hecht, ich sag es euch!" Und fügte mit einem verschlagen Blick zu Johannes hinzu: „Na, Fischer, hast du nochwas zu sagen? Oder kriegt der kleine Kalju jetzt die ganze Belohnung?" Johannes ließ sich erneut auf die Knie nieder, faltete die Hände, richtete den Blick an die Decke und murmelte: „Wenn es wahr ist, was geschrieben steht, dann scheint es, als würden die größten Hechte, die jemals in den Gewässern Estlands gefangen worden sind, aus dem Umkreis des Tamula- und des Keeri-Sees stammen: Am 13. Juni 1881 fing Viktor Nikoforow aus Võru unter anderem einen 43,5 Pfund, das heißt 17,77 Kilo schweren Hecht im Võhandu-Fluß, und Karl Sibbul angelte 1930 aus dem Tamula-See einen 14,74 Kilo schweren und 122 Zentimeter langen Hecht, dessen Alter in der Zeitung „The Fishing Gazette", an welche die Schuppen geschickt worden waren – es handelte sich um die Ausgabe vom 17. Mai 1930 – auf 22 oder 23 Jahre geschätzt wurde. Es besteht kein Zweifel, daß ..."
Aleksander schob die Bank geräuschvoll nach hinten und erhob sich feierlich, setzte seine Mütze ab und klatschte begeistert in die Hände. Alle fielen ein, außer Johannes, der aufstand und die Falten seines Hemdes glattzog. Aleksander nahm den Helden des Tages bei den Schultern, woraufhin alle innehielten und der verlegene Johannes dankbar die Augen schloß. Aleksander schluckte und wischte sich eine Träne aus dem Auge. „Der Titel Das Brave Kind geht dieses Jahr an ... Cornelius, der uns allen eine harte Nuß zu knacken aufgegeben hat!" Juula heulte auf und warf sich zu Boden: „Warum gerade Cornelius, das schöne, unschuldige Kind, warum gerade er, o Herr, erbarme dich seiner!" Aleksander tat, als höre er das Geschrei seiner Frau nicht, packte Cornelius am Genick und fragte: „Was mußt du jetzt tun, Cornelius? Was ist die Pflicht des Braven Kindes? Ich frage: Was ist die Pflicht des Braven Kindes?!" Cornelius schlotterte. „Das Brave Kind muß in den Backofen kriechen und das letzte Brot herausholen, das ... das in der hintersten Ecke liegt." Aleksander schnallte sich den Riemen wieder um und schloß die Messingschnalle mit einem hörbaren Klicken. „Hast du schon einmal darüber nachgedacht, mein lieber Cornelius, warum gerade das Brave Kind in den heißen Ofen kriechen muß?" Cornelius zitterte wie im Fieber und bekam kein Wort aus dem Mund. Juula kam dem Jungen

zu Hilfe und sagte ihm flüsternd vor. Cornelius begann zu weinen und preßte die Worte einzeln heraus: „Deswegen, weil ... weil ... das brave Kind nicht heim ... heimlich ein Stück von dem Brot ... Brot abbeißt, da im Dunkeln, wenn ... wenn es keiner sieht!" – „Das ist ein ganzer Mann! Und los jetzt, auf der Stelle! Steh nicht herum, wir alle haben Hunger!" Der Vater schob den Sohn mit sicherem Griff in den Ofen, entzündete eine Kerze und donnerte: „Und jetzt wollen wir ein Weihnachtslied hören, aber ein richtiges!" Aus dem Ofen ertönte ein unterdrückter Schrei. „Und jetzt wird gesungen! Zwo, drei! Uuund – alle!"

Geheimsache

Die glühend heiße Mehlsuppe brannte im Hals. Kaalu nahm rasch einen Schluck kaltes Wasser, und schon war es besser. Die Mutter maß den Jungen aus den Augenwinkeln, aber sagte zum Glück nichts. Kaalu atmete vorsichtig aus und beruhigte sich. Beim nächsten Mal blies er heimlich auf den Löffel. Das war verboten, aber Kaalu hoffte, daß diesmal ein Wunder geschähe und die Mutter es nicht merkte. Doch schon begann das durchdringende Gezeter:
„Was hast du hier zu pusten, du Miststück! Na los, sag schon, was du wieder zu pusten hast! Du pustest uns die ganze Wärme aus dem Haus! Bis wir uns zu Tode frieren. Dann kleben wir hier wie zwei Eiszapfen am Tisch! Das Fleisch und die Augen gefroren, die Beine von uns gestreckt wie verendete Köter, die Zunge aus dem Maul ... Das willst du, ja? Ob du das willst, du Dreckskerl! Willst du, daß deine arme Mutter stirbt?!"
Die Mutter schlug sich mit den Fäusten gegen die knochige Brust und lamentierte:
„Ich frage dich, ob du das willst! Ob du nur darauf wartest! Wer verdient hier das Geld, und wer kauft das Essen? Wer besorgt dir neue Sachen? Wer übt mir dir für die Schule? Zahlt Miete und Strom? Wer, du räudiger Hund, kauft dir Socken und Handschuhe, Hemden und Pullover, alles, was du anhast und zwei Fellmützen und Schulsachen, Füller und Hefte, die neue Mappe, Gott im Himmel! Erst voriges Jahr zu Neujahr habe ich dir einen funkelnagelneuen Kamm gekauft! – Was ist, du Trottel, hat es dir die Sprache verschlagen, oder warum sagst du nichts? Hast du die Zunge verschluckt? Oder ist dir dein Maul zugewachsen? Besser wärs, dann würdest du nicht mehr so viel fressen!"
Die Mutter riß Kaalu den Mund auf und verrenkte dem Jungen den Kopf, als wollte sie ihn vom Halse reißen.
„Hier! Und hier!"
Zwei scharfe Löffelstiche in die Rippen beendeten den Wortschwall. Kaalu schrie auf und fiel von der Bank. Es kitzelte unerträglich, aber er durfte nicht lachen. Das würde schlimm enden, denn Lachen war

zu Hause strengstens untersagt. Eigentlich auch draußen, aber da war die Mutter nicht immer in der Nähe, so daß Kaalu doch hin und wieder lachte, zuvor aber in alle Richtungen spähte.
Wenn die Mutter eine freie Minute hatte, rannte sie vom Bezirkskomitee nach Hause um nachzusehen, ob Kaalu lernte. War Kaalu nicht zu Hause, hetzte die Mutter, völlig außer Atem und mit verrutschtem Kopftuch, in die Schule. War Kaalu auch nicht in der Schule, stürmte sie die Hauptstraße entlang, spähte in jeden Laden und in jede Kneipe, rannte zum Stadion und an den Fluß, in die Werkstätten und zum Flugplatz.
Kaalus Mutter, Sebedeus´ Hilda, arbeitete als Agitatorin im Bezirkskomitee, und ihr Sohn sollte allen ein Vorbild sein. Das erklärte die Mutter Kaalu am Morgen und am Abend, und manchmal riß sie den Jungen sogar mitten in der Nacht aus den schönsten Träumen, um das Gesagte in Erinnerung zu rufen. Sie drosch mit der knochigen Faust gegen die dünne Bretterwand, so daß die armselige Hütte in allen Fugen krachte, und spie im Takt der Schläge die Worte aus, die sich Kaalu schon lange ins Gehirn gefressen hatten:
„Du! Karl Sebedeus, Hildas Sohn! Bist der best-erzogenste und allerklügste Junge! Im ganzen Bezirk! Dafür lasse ich mich tot-schla-gen! Du bist den anderen ein Vorbild! Und für mich der Lohn meiner Er-zie-hung!"
Kaalu nickte eifrig. Der Finger der Mutter zielte auf das Foto neben dem Kachelofen. Kaalu war mit einem Satz aus dem Bett, stand stramm und rief mit brüchiger Stimme:
„Jawohl, Genossin Mutter!"
Die Mutter strich Kaalu über das feuerrote Haar, fischte aus der Tasche ihres Trenchcoats ein Stück Zucker und pustete die Tabakkrümel ab. Der Junge riß den Mund auf, die Mutter warf ihm das Stück Zucker mit geübtem Schwung in den Mund und blies die Lampe aus. Die aus einer alten Konservendose gebastelte Öllampe vor dem gerahmten und blumengeschmückten Foto blieb brennen. Die blakende Flamme beleuchtete einen Mann mit schwarzem Schnauzbart und gutherzigem Gesicht, der Kaalus Schlaf bewachte und ihm auch bei den täglichen Verrichtungen auf die Finger sah. Als kleiner Junge hatte Kaalu gedacht, auf dem Foto wäre sein Vater. Aber die Mutter biß sich auf die Lippen und sagte:
„Ganz so ist das nicht, Kaalu. Aber ich verspreche dir, daß ich darüber

nachdenken werde!" Jeden Neujahrsabend, schon seit fünf Jahren, stellte Kaalu ein und dieselbe Frage. Die Mutter starrte das dunkle Fensterviereck an, zupfte an ihrem Kutscherpelz und sagte mehr zu sich selbst:
„Stör mich nicht, ich habe an meine Arbeit zu denken. Du kannst dir noch einen Zwieback nehmen."
Wollte Kaalu noch etwas fragen, hob die Mutter drohend den Kopf, zielte mit ihrem knochigen Finger wie mit einer Pistole auf den Jungen und zischte:
„Pscht!"
Kaalu schluckte seine Tränen herunter, klaubte von der Zeitung eine trockene Brotrinde und verkroch sich unter der Decke. Er knabberte leise wie ein Mäuschen in seinem dunklen warmen Nest an dem angebrannten Brotstückchen und dachte an den Tag, an dem er für immer von Zuhause weggehen würde.
Jetzt war er acht. So. Blieben also nochmal acht Jahre. Acht und acht macht sechzehn. Dann bekommt Kaalu einen Paß und geht allein in die große Stadt. In Paide wird er schon Arbeit finden, um sich sein Brot zu verdienen. Tagsüber arbeiten gehen, und abends die Schule. Kaalu hatte gehört, daß die richtigen Arbeiter in die Abendschule gingen, um sich weiterzubilden. Er sah sich vor seinem inneren Auge vor dem Spiegel stehen und seinen Overall gegen einen Anzug wechseln, um in der Schule ordentlich auszusehen. Vielleicht nimmt sich Kaalu auch eine Lehrerin zur Frau, dann können sie beide zu Hause Mathematik und Biologie üben. Und auch, wie die Menschen geboren werden. Und ganz bestimmt wird Kaalu in die Kantine gehen – für sein eigenes, selbst verdientes Geld. Er geht in die Kantine und sagt mit tiefer Stimme zur Kantinenfrau: „Für mich eine Männerportion Makkaroni und Bouletten. Brot und Kompott auch. Was macht das zusammen?" Die Kantinenfrau mit dem weißen Kittel und den hellblonden Haaren lächelt freundlich, klappert mit den Holzkugeln des Rechenbretts und sagt mit klingender Stimme: „Dreiundfünfzig Kopeken bitte!" Kaalu reicht ihr einen funkelnagelneuen Rubel-Schein, woraufhin sie versetzt: „Für das bißchen reicht der allemal." Kaalu strahlt sie an: „Na wunderbar! Dann bleibt mir zum Inskinogehen noch eine ganze Kopeke!" Die Kantinenfrau will ihm gerade die Kopeke aushändigen, läuft aber plötzlich rot an und zerrt Kaalu wütend an den Haaren.

„Du Schlangenbrut, wagst es, im Traum zu lachen!" schrie die zornentbrannte Mutter in ihrem abgetragenen Flanellhemd an Kaalus Bett und leuchtete ihm mit der Taschenlampe ins Gesicht. „Du lachst über deine Mutter, ja? Gibs zu! Sag, daß du deine fleißige und tapfere Mutter auslachst! Mit wem hast du im Schlaf über mich geredet? Mit wem du geredet hast, du Dreckskerl! Wen wolltest du ins Kino locken? Für welches Geld? Hast du es gestohlen? Ist Sebedeus' Hildas Sohn jetzt ein Dieb?!"
Sie nahm ein Offizierskoppel und begann Kaalu mit harter Hand zu prügeln. Die scharfe Messingschnalle hinterließ nach nur wenigen Schlägen blutige Spuren auf den Fingerknöcheln des Jungen. Unvermittelt hielt die Mutter inne, schleuderte das Koppel in den Aschehaufen vor dem Herd und sank schluchzend auf den Boden. Ihr ausgemergelter Körper wand sich in Krämpfen, und die Augen wurden matt wie Löschpapier.
Kaalu rannte zum Fenster, dann zur Tür; dann wieder zum Fenster und wieder zur Tür. Er wußte nicht, was er machen sollte. Schließlich schöpfte er aus dem Eimer einen Krug voll Wasser und goß ihn der Mutter ins Gesicht. Die Mutter verstummte, schüttelte den Kopf und befühlte sich die Wangen, dann massierte sie mit den Fingerspitzen die Schläfen und öffnete die Augen. Sie sah sich verständnislos um, erblickte Kaalu und fragte:
„Wer bin ich ... Wo bin ich? Wer bist du, Junge?"
Kaalu hockte sich neben die Mutter und erklärte geduldig:
„Du heißt Hilda Sebedeus, und du bist bei dir zu Hause. Ich bin Karl Sebedeus, dein Sohn."
Die Mutter setzte sich auf, stützte sich mit den Ellenbogen aufs Bett und wiegte sich hin und her. Kaalu hob die Lampe näher, dachte einen Augenblick nach, faßte die Mutter am Kinn und fragte:
„Wo ist mein Vater? Wer ist mein Vater?"
Die Mutter richtete die rot unterlaufenen Augen auf den Sohn, seufzte hörbar und begann, am Loch in ihrem Strumpf nestelnd, zu sprechen. Sie sprach mit leiser, trauriger Stimme und starrte dabei unverwandt in die dunkle Ofenecke:
„Mein lieber Sohn Kaalu, ich schwöre dir bei allem, was mir heilig ist, daß du das niemals erfahren wirst. Niemals."
Kaalu nickte und fragte:
„Auch dann nicht, wenn du tot bist? Wirst du mir keine geheime

Nachricht oder einen Brief oder ..."
„Nein."
„Aber warum, liebe Mutter ..."
„Merk dir eins. Vertrauliche Angelegenheiten stehen unter Schweigepflicht. Geheimsache. Klar?"
Kaalu kroch wortlos ins Bett, zog sich die alte Soldatendecke über den Kopf und träumte von einem Zuhause, wo es keine Geheimsachen gab.

Golf

Der kleine Esau schielte zu seinem Lehrer hinüber, feuchtete mit der Zungenspitze die Lippen an, preßte sie erneut ans Mundstück des messingnen Sprachrohrs und fuhr fort:
„... er wird den Menschen nach ihren Taten vergelten."
Der Lehrer nickte und murmelte: „So ist es recht."
Esau gähnte mit geschlossenem Mund, fuhr mit der Hand über das kurzgeschorene Haar, setzte den schmutzigen Finger auf die Stelle im Buch und las weiter. Die helle Kinderstimme aus dem Sprachrohr hallte über den abendlichen See: „Das Meer gab die Toten heraus, die darin waren ..."
Das Metall des Golfschlägers blitzte im letzten Strahl der untergehenden Sonne auf, es gab ein kurzes scharfes Sausen und einen Aufschlag, der Lehrer brachte einen unwillkürlichen Laut hervor, und der Golfball flog in hohem Bogen ins Schilf. Ein großer schwarzer Vogel stieg auf wie ein stumme Erscheinung und segelte über ihre Köpfe hinweg.
Esau hielt sich erschrocken die Nase zu. Der Vogel flog so tief, daß er den widerwärtigen Gestank, der aus dessen Gefieder drang, deutlich verspürte. Es kratzte im Hals, und Esau mußte husten.
„Es genügt für heute, Bruder Esau. Du warst sehr fleißig."
Der Lehrer sah den Jungen an und lächelte.
„Sei so gut, stell den Schläger zu den anderen. Aber trockne ihn vorher ab. Gründlich. Sieh zu, daß kein einziger Tropfen irgendwo hängenbleibt. Der kleinste Fremdkörper kann ihn für immer zunichte machen!"
Esau, rot im Gesicht, hustete und nickte.
„Und hol den Ball. Aber huste dich ruhig aus – " Der Priester bewegte vielsagend den Zeigefinger. Er wies in Richtung Golfball, dann zog er die Gummihandschuhe aus und wischte sich über die Stirn. Die leuchtend gelben Handschuhe raschelten weich. Der Lehrer suchte mit den Augen nach einer halbwegs trockenen Stelle, um sich zu setzen. Esau verfolgte jede seiner Bewegungen. Er achtete auch auf die kleinsten Details, um sie sich einzuprägen. Vater Sebastian war

mehr als nur ein Lehrer. Er war Esaus Welt.
Der Lehrer lächelte und machte eine schuldbewußte Geste: „Esau, mein Sohn, ich irrte, vergib mir. Klüger wäre es, zunächst den Ball zu suchen. Bald ist es dunkel, und dann kann man nichts mehr voneinander unterscheiden."
„Ich kann ja die Lampe nehmen."
„Wie bitte?"
„Die im Gebetshaus neben der Tür am Nagel hing."
Der freundliche Ausdruck schwand aus dem Gesicht des Lehrers, er kniff die Lippen zusammen und schnaubte ungehalten durch die Nase.
„Das ist eine Laterne und keine Lampe! Und sie wird hübsch an Ort und Stelle zurückgebracht!"
„Was ist der Unterschied zwischen einer Laterne und einer Lampe?"
„Eine Laterne, Bruder Esau, ist eine heilige und gesegnete Lichtquelle. Der Strahl der Laterne ist wie ein nächtlicher Leuchtturm, der dem Verirrten den Hafen weist. Eine Laterne trägt Glauben und Hoffnung in sich, verstehst du? Und zwar tut sie das deshalb, weil in ihr eine Kerze leuchtet. Kerzen sind in unserer sachlichen Welt das Wichtigste!"
Der Lehrer blickte verträumt auf die blakenden Kerze in der Laterne und fuhr fort: „Eine Lampe ist Sünde. Jedes Ding, das mit Strom zu betreiben ist, ist Teufels Blendwerk."
Esau nickte eifrig und schaute ebenfalls auf die Kerze. Der Lehrer folgte dem Blick und fragte schmunzelnd: „Bruder Esau, um noch einmal auf die Laterne zu kommen ... Warum möchtest du das ausgerechnet heute abend wissen?"
„Ich mußte an die Heimat denken. An unsere geliebte Kirche. Und das schöne Pastorat. Die sonnenwarmen Balken, der Flieder am Tor ... Das Meditationszimmer und der Heilige Antonius aus Gelee. Das schmeckte immer so süß, wenn wir abends davon naschten."
Der Lehrer schnalzte: „Ach, daran erinnerst du dich? Wacker, mein Jünger, du scheinst nichts zu vergessen. Ich glaube, der Allmächtige wird eines schönen Tages den kleinen weißen Ball in heimatliche Gefilde lenken, und wir werden wieder nach Herzenslust vom Heiligen Antonius naschen können, wie es sich gehört."
Esau jauchzte auf, schluckte und schloß kurz die Augen. Dann nahm er das Sprachrohr vom Hals und stellte es vorsichtig ins Gras.

Vater Sebastian schaute gerührt zu, wie der Junge mit dem schweren Altar kämpfte, und massierte sich die Knie. Beim Massieren der Kniekehlen seufzte er mehrmals.

„Esau, der heutige Tag war ein schwerer Tag, eine rechte Versuchung für uns beide." Vater Sebastian hob die geballte Faust zum Himmel und rief: „Und das ist gut so! Gott sieht, daß wir allen Versuchungen widerstehen! Daß wir den Schwierigkeiten trotzen! Und – das Wichtigste – kein einziges Wort der Unzufriedenheit drang an Gottes Ohr! Nicht ein einziger Ton!" Der Alte sah dem Jungen ins blasse, gequälte Gesicht und donnerte: „Oder etwa doch?! Hast du ihm etwas zugeflüstert?! Unzufriedenheit über die Menschen oder die Erschaffung der Welt?"

„Nein, mein Lehrer. Ich habe nichts geflüstert. Nicht einmal gedacht, denn Gott hört und sieht ja auch die Gedanken!"

„So ist es recht, Jünger Esau. Das hast du gut gesagt. Aber weit wichtiger ist – du hast es richtig gesagt! Wir, die wir kraftlos und Bettler im Geiste sind, dürfen Gottes Schöpfung nicht tadeln, denn seine Schöpfung ist heilig, wir sollen sie in Dankbarkeit ehren und preisen." Der Alte dachte einen Moment nach, dann murmelte er: „Ob sie uns gefällt oder nicht."

Vater Sebastian erhob sich schwerfällig und blieb schwankend stehen. Und rief, sich an einem Tannenzweig festhaltend, so daß es aus dem Wald und vom See widerhallte: „Esau hat wahrlich recht!"

Der Junge befreite sich, vor Glück zitternd, von dem schweren Altar, den er mit Hilfe diverser Lederriemen und Haken an seiner Brust befestigt hatte. Die Altarkonstruktion war eine Erfindung des Lehrers, um Esau das Leben leichter zu machen. Die Holzteile hatte Vater Sebastian eigenhändig in der Werkstube gefertigt, die Eisenteile aber waren vom Schmied Dmitri aus Räpina getrieben und genietet worden. Der obere Teil des Altars bestand aus einem Brett, auf das Esau die Bibel legen konnte, um bequemer daraus zu lesen. Am unteren Rand war eine Leiste angebracht, die die Bibel nicht herunterrutschen ließ, und rechts prangte eine hübsche Messingklammer, die die aufgeschlagene Seite festhielt. Zu beiden Seiten des Bretts gab es Vertiefungen für die Kerzen. Esau liebte Kerzen, besonders die aus Bienenwachs, in deren Duft er regelrecht vernarrt war, und es gefiel ihm, sich selbst mit einer Kerze gleichzusetzen. Oftmals stellte sich Esau vor, daß er brannte. Daß er eine große schlanke Wachskerze war, die mit leichtem Knistern ihrer hohen Flamme brannte. Er sah sich in der großen Kathedrale am Hauptaltar stehen und mit flackernder Flamme Gesicht und Hände des Priesters erleuchten. Einmal, noch zu Pastoratszeiten, konnte Esau der Versuchung nicht widerstehen und biß von einer Kerze ein großes Stück ab. Zerkaute es, schluckte es herunter und aß mit großem Appetit die ganze Kerze auf. Bis auf den letzten Krümel. Dann schöpfte er mit der hohlen Hand Wasser aus dem Graben und trank. Daraufhin schluckte er den Docht wie ein Makkaroni im Ganzen herunter und trank noch eine Handvoll Wasser dazu. Schmeckte das süß! So wurden die Kerzen zu seinem heimlichen Naschwerk.

Auf der Vorderseite des Altars war eine verblichene Holztafel mit dem Bildnis der Gottesmutter Hodegetria befestigt, eine aus Witebsk stammende Ikone von unermeßlichem Wert, die der Mönch Polykarp im dritten Viertel des zwölften Jahrhunderts eigenhändig gemalt hatte, wie es die krakelige Schrift in der rechten oberen Ecke der Ikone bezeugte. Polykarps Inschrift war einfach und unmißverständlich: „Diese Gottesmutter Hodegetria zeichnete Polykarp allein auf. Er hatte keine Gehilfen. Auch die Farben mischte und die Pinsel band er selbst. Der Gott dienende Meister Polykarp. Ganz allein. Glaube und lobe, wie ich das tue, Polykarp."
Esau gefiel Meister Polykarps Inschrift. Wenn nichts anderes zu tun war, las er die ehrliche Aussage auf der Ikone immer wieder, obwohl sie sich längst in sein Gedächtnis eingebrannt hatte.
Vater Sebastians Lieblingsbeschäftigung war Wandern und Golf. Er übte sich in einem eigenwilligen Golfspiel, und zwar überall, wo er gerade ging und stand. Für ihn war es wesentlich, den Ball aus voller Kraft zu schlagen, aber wohin der Ball dann flog, das war völlig nebensächlich. Vater Sebastian schlug die Bälle sowohl auf blumenbestandenen Wiesen als auch auf frisch gepflügten Feldern, in dichten Wäldern und auf sonnigen Lichtungen, auf der Heide und in der Düne, am Meer wie am Teich, im Hoch- wie im Niedermoor. Er tat es bei Regen und Sonne, bei Windstille und Schneegestöber, Gewittersturm und Dürredunst. Es gab Tage, da der heilige Vater und sein Jünger Esau gut zwanzig Kilometer wilder Natur durchstreiften, die eines Menschen Fuß noch nie gesehen hatte. Sie benutzten immer nur denselben Ball und folgten dem weißen warzigen Kügel-

chen dorthin, wohin es gerade zu fliegen gedachte, denn der Ball durfte weder mit der Hand noch mit dem Fuß berührt werden, sondern nur mit dem Schläger, so hatte es der heilige Vater dem kleinen Esau erklärt.

„Wenn du den Ball mit der Hand berührst, und sei es nur für einen kurzen Augenblick, dann trocknet dir umgehend die ganze Hand ab. Braucht nur ein Wind zu kommen, und die Hand fliegt fort wie ein trockenes Blatt. Und du bist sie los. Aber womit willst du dann die Seiten der Heiligen Schrift umblättern, mein lieber Junge?"

Vater Sebastian ließ den blitzenden Schläger drohend vor der Nase des Jungen tanzen und zog eine finstere Miene.

„Ich habe verstanden. Und ich werde es mir merken", stotterte Esau und barg sein Gesicht in den Händen.

Vater Sebastian schaute nie zurück, sondern folgte dem Ball, wie ein Hund seinem Herrn. So waren der heilige Vater und sein Jünger Esau bereits das dritte Jahr unterwegs. Esau, den schweren Altar an der Brust, folgte vertrauensvoll seinem Lehrer und benutzte dabei unentwegt das Sprachrohr, denn der heilige Vater wünschte die Heilige Schrift Tag und Nacht aus Esaus Mund zu hören, sogar im Schlaf. Die Texte selbst interessierten ihn längst nicht mehr. Die hatte er Wort für Wort und Satz für Satz im Kopf. Ihm gefiel die Stimme aus dem Munde des vom Herrn erschaffenen Kindes. Da der Lehrer schwerhörig war, mußte Esau das Sprachrohr benutzen, in das er mit der feinen Spitze einer Feile Gleichnisse eingeritzt hatte. Wenn Esau es in einem bestimmten Winkel hielt, konnte er sie entziffern. Für gewöhnlich schlug der Lehrer den Ball beim Eintreten der Dunkelheit gegen eine Haustür. Dann war den Golfspielern ein weiches Bett und ein satter Bauch gesichert. Manchmal fuhr zufällig ein freies Taxi auf der Landstraße, und der Lehrer traf mit dem Ball die hintere rechte Tür – auch dann war das Glück mit ihnen. Mit dem Taxi ging es zumeist ins nächste Motel, um dem Ball anderntags aufs Neue die Richtung zu weisen. Morgens waren die Schläge des Priesters besonders präzise und kräftig, und dann zwinkerte der Alte dem Jungen zu. Esau strahlte vor Glück und nickte freudig zurück, denn zwinkern konnte er nicht, obwohl er jeden Tag daran übte. Der Priester besänftigte ihn: „Weine nicht. Der allmächtige Gott sieht Tränen nicht gerne. Denn Tränen helfen nicht weiter. Einmal wird es dir gelingen. Vielleicht morgen. Vielleicht ein anderes Mal."

Esau wischte sich gehorsam die Augen, schlug eine neue Seite auf, hielt den Mund ans Sprachrohr und las. Mit lauter und klarer Stimme, denn so gefiel es dem Lehrer am besten.
Der Lehrer saß derweil auf einem bemoosten Stein und strich übers Metall des Golfschlägers, das wie Quecksilber im Mondschein schimmerte. Vom See her kroch Nebel in den Wald, und in den dünnen Schwaden sah der Alte wie ein dämmernder Rabe aus. Esau kniete nieder und streckte die rechte Hand vor. Schwer seufzend überließ ihm der Lehrer den Schläger. Der Junge richtete sich auf und schritt geradewegs ins Schilf hinein. Das Schilf war dicht und hoch, die schwarzen Wolken löschten den Mond aus, und Dunkelheit fraß sich in die Augen des Jungen. Das trockene Schilf zischte böse, der weiche Morast gluckste hohl. Der Grund des Sees seufzte unter den schweren Stiefeln wie der Große Dunkle Jemand. Esau wandte sich um. Der Lehrer saß nach wie vor auf dem Stein und betrachtete ihn mit schräg gehaltenem Kopf.
„Es ist dunkel. Schrecklich dunkel, man sieht gar nichts."
Der Lehrer schauderte, zog den Talar zurecht und versteckte die Hände in den weiten Ärmeln.
„Nimm eine Kerze, mein Junge. Die Kerze ist der treue Gefährte des Urchristen und Gottessohns. Such den heiligen Ball im Kerzenschein und schlag ihn zu mir, damit er ruhen kann."
Esau erbleichte.
„Allerheiligster heiliger Vater, mein Lehrer, die Kerzen ... sind alle."
„Was! Wie das? Vorgestern kauften wir auf dem Markt von Mustvee drei Dutzend gute Kerzen! Wo sind sie? Hast du sie etwa liegenlassen?"
Esau begann zu schluchzen.
„Wo die Kerzen sind! Ich höre!"
Esau flüsterte: „Ich habe sie aufgegessen."
„Ja aber – wie soll es nun deiner Meinung weitergehen? Im Dunkeln?"
Esau nahm die Streichholzschachtel, angelte ein Streichholz hervor und strich es über die Zündfläche. Das Streichholz zerbrach, und Vater Sebastian flüsterte: „Oh-oh-oh."
„Gleich ... Geduld, heiliger Vater, gleich kommt alles in Ordnung."
In fieberhafter Eile fingerte Esau nach einem neuen Streichholz. Er holte tief Luft, dann entzündete er das Streichholz und näherte es seinem Kopf.

Das Streichholz erlosch zischend, und Vater Sebastian wetterte: „Was ist das für eine Vergeudung!"
„Warten Sie, Vater, jetzt geht es!"
Esau strich ein neues Streichholz an und näherte es erneut seinem Kopf. Er fühlte, wie der Kopf weich wurde, dann fingen die kurzen Haare Feuer. Esau richtete sich auf. Stand gerade wie nie zuvor. Die Hände an den Seitennähten des Gewandes, die Augen geschlossen. Der Kopf brannte mit leiser Flamme. Wenn von den Bäumen ein Wassertropfen ins Feuer fiel, hörte man es kurz aufprasseln. Dann aber brannte Esau mit gleichmäßiger Flamme weiter.
Der Priester schaute auf seine Hände und lächelte. Im Kerzenlicht sahen seine Pranken mit den rissigen Nägeln weich und zart aus.
Aus den Tannenzweigen ragte eine neugierige, glänzende Nase. Im selben Moment vollführte etwas einen hohen Satz und landete auf der Schulter des Priesters. Das schlanke Tierchen beschnupperte das Ohr des Priesters, knabberte sacht am langen geflochtenen Zopf und schwenkte den buschigen Schwanz.
Esau hatte dieses Tier noch nie gesehen.
Es war sehr hübsch.
Esau kannte jedoch seinen Namen und flüsterte, vorsichtig, damit ihm kein Wachs in die Augen tropfte:
„Willkommen bei den Gottesfürchtigen, kleiner tapferer Hermelin."

Der Schulmeister

Joonas blieb stehen und hielt den Atem an. Die alte Holztreppe knarrte fürchterlich. Joonas schnürte die Stiefel auf und stand in Strümpfen auf dem kalten steinernen Treppenabsatz. „Macht doch nichts", flüsterte er vor sich hin, lauschte, klemmte sich die Stiefel unter den Arm und schlich weiter. Die dicken wollenen Socken waren wie Katzenpfoten, das Treppensteigen ging jetzt vollkommen lautlos vonstatten. Aus dem runden Fenster im Flur war der Sternenhimmel zu sehen, der Hauswart Lugawoi schrie und verwünschte den Fuhrmann, und im Haus gegenüber wurden gerade die Lichter gelöscht.
Joonas schmiegte sich an die Tür der Wohnung sieben. Er hörte deutlich, wie jemand schweren Schrittes hin und her ging, lange und heftig hustete und dann seinen Marsch wieder aufnahm. Aha, der Herr Lehrer ist zu Hause, und obwohl es später Abend ist, hat er noch seine Straßenschuhe mit den harten Absätzen an und marschiert auf und ab!
Joonas zählte bis zehn und klopfte. Er hörte, wie im Zimmer etwas verschoben wurde, wahrscheinlich ein Stuhl, dann kamen Schritte auf die Tür zu. Joonas klopfte noch einmal, diesmal stärker. Die Kette klirrte, und die Tür flog mit einer solchen Wucht auf, daß der Junge nur mit Mühe zur Seite springen konnte.
„Joonas! Du hast dir doch nicht weh getan?" fragte der Lehrer bestürzt, beugte sich nieder, packte den Jungen an der Schulter und zog ihn mit einem Ruck in die Wohnung hinein.
„Nun, sei gegrüßt, Joonas. Aber sag mal, warum trägst du deine Stiefel unter dem Arm? Du willst sie mir doch nicht verkaufen? Aber setz dich, setz dich erst einmal."
Der Junge schüttelte mehrmals den Kopf. Der Lehrer legte ein besticktes Zierkissen auf den Stuhl und wies darauf. Joonas nahm Platz und schaute sich im Zimmer um.
Er hatte schon immer das Zimmer des Herrn Lehrer sehen wollen. Was es hier für Möbel gab, wie der Herr Lehrer im Hausanzug aussah und ob er vielleicht ein interessantes Tier hatte. Als er auf dem

Radioapparat eine winzige Tierfigur bemerkte, atmete Joonas auf. Der listig dreinschauende Fuchs gefiel ihm sehr: er war von einem schönen Rot, nur die Pfoten und die Schwanzspitze waren weiß und die Nase und die Augen schwarz.

Der Lehrer nahm Platz, zündete sich eine Zigarette an und blies den Rauch auf die Tischplatte vor sich. Joonas sah und hörte, wie die trockenen Brotkrümel leise knisternd vom Tisch rollten und im weichen Teppich verschwanden. Wieviele von solchen Krümeln mochten wohl schon im Teppich liegen? Der Lehrer wohnte zwei Winter lang in ihrem Haus, aber Joonas hatte noch nie gesehen, daß er den Teppich geklopft hätte. Wer weiß, vielleicht kriegte man ein ganzes Brot zusammen, wenn man alle Krümel zusammenzählte?

Joonas wußte, dies würde er sich nicht getrauen, den Herrn Lehrer zu fragen, aber wenn er nach Hause geht, wird er es mit der Großmutter besprechen. Die Großmutter wußte alles. Aber der Herr Lehrer wußte auch sehr viele Dinge, er mußte sie einfach wissen, sonst hätte er in der Schule nicht die Kinder unterrichten können. Wer ist klüger, die Großmutter oder der Lehrer? Joonas schielte zum Lehrer hinüber.

Der Lehrer war ein sehr schöner Mann, er war viel schöner als Joonas' Großmutter. Er hatte blondes, sorgfältig gescheiteltes Haar. Seine Nase war gerade und von der Größe her genau richtig, nicht zu groß und nicht zu klein – ja, genau richtig. Überhaupt sah der Herr Lehrer der weißen Figur sehr ähnlich, die auf dem Domberg in der Bücherei stand.

Joonas befühlte seine Ohren, sie waren glühend heiß. Der Lehrer schrieb und achtete nicht mehr auf den Jungen. Die grüne gläserne Kuppel der Tischlampe leuchtete, die obere Gesichtshälfte des Lehrers lag im Schatten, aber Kinn, Brust und Hände strahlten in goldenem Licht.

Ein winziger Kerzenstummel brannte flackernd auf der Tischecke und beleuchtete die Hand des Lehrers von der anderen Seite.

Joonas hörte, wie die Feder übers Papier kratzte, mit einem leichten Klicken ins Tintenfaß tauchte und wieder zu kratzen begann.

Joonas betrachtete die ausladende Schreibmaschine, die unter dem Fenster auf einem Tisch mit dünnen Beinen stand. „Un-der-wood", las der Junge flüsternd, nahm allen Mut zusammen und fragte: „Aber Herr Lehrer, warum schreibst du nicht mit der Maschine da?"

Der Lehrer hob erstaunt den Kopf, zündete sich an der Kerze eine neue Zigarette an und blickte beinahe streng auf den Jungen. „Ich schreibe einen Brief. An eine Frau, die ich liebhabe. Wie könnte ich das mit der Maschine machen? Komm, schau her! Wenn man mit der Hand schreibt, drückt jeder Buchstabe eine Stimmung aus, ein Gefühl. Er hat die richtige Botschaft. Verstehst du? Schau zum Beispiel dieses „a" an, das ist zum Platzen mit Liebe angefüllt!" Joonas studierte das „a" aus der Nähe, seiner Meinung nach war es ein ganz gewöhnliches „a", überhaupt nichts daran war zum Platzen. Aber er widersprach dem Lehrer nicht, das durfte man nicht tun. Er nickte heftig: „Genau! Zum Platzen! Aber wofür hast du die Maschine?" Joonas warf dem Lehrer einen verschmitzten Blick zu und wartete. Ihm war, als blinzelte ihm der Fuchs anerkennend zu.

Der Lehrer nahm eine dicke Mappe mit buntem Einband zur Hand und knüpfte die Schnüre auf. Es waren viele Schnüre, und der Lehrer war ein bedächtiger Mann. Schließlich zog er einen Stapel Papier aus der Mappe heraus, ließ die Blätter unter dem Daumen hindurchschnurren und klatschte ihn auf den Tisch. „Mit der Maschine schreibe ich Geschichten." – „Was für Geschichten?" Der Lehrer rieb sich die Nasenwurzel: „Alle möglichen Geschichten." Auch Joonas probierte, wie es war, die Nase zu reiben, und siehe da, es war ein ganz schönes Gefühl. „Aber wofür schreibst du die Geschichten?" – „Damit man sie lesen kann. Zum Beispiel du und deine Freunde." Joonas verbarg seine Überraschung nicht: „Aber wir können doch noch gar nicht lesen, ich habe noch keine einzige Geschichte gelesen." Der Lehrer blätterte in seiner Agenda, dann suchte er ein Papier mit roten Stempeln heraus: „Schau, Joonas, hier auf dem Vertrag steht ganz klar geschrieben, daß es mein Geschichtenbuch noch vor Weihnachten im Buchladen von Moissejew zu kaufen geben wird, und das ist schon bald. Aber du mußt es dir nicht kaufen, ich denke, der Weihnachtsmann wird es dir vor die Tür legen." Joonas sah den Lehrer ungläubig an: „Warum vor die Tür? Da kann es doch jemand stehlen!" Der Lehrer schwieg eine Weile, begann dann mit heller Stimme zu lachen und sagte: „Vielleicht legt er es ja auch unter den Baum, wer weiß schon, auf was für Ideen der Weihnachtsmann kommt." Er schaute kurz auf seine Fingerknöchel und packte die Papiere wieder in die Mappe. Joonas fuhr mit dem Finger über die Mappe, sie fühlte sich schön glatt und kühl an.

„Hat der Fuchs auch einen Namen?" – „Was, was?" – Joonas zeigte mit dem Finger auf das Radio: „Der Fuchs da." – „Hat er nicht ... Aber wir können ihm einen geben, von mir aus gleich! Wir geben ihm einen Namen, und dann essen wir ihn auf, glaubst du das?" Joonas glaubte es nicht, der Lehrer redete Unsinn. „Sowas kann man nicht essen, Sachen aus Ton ißt doch niemand! Solche Sachen sind da, weil sie schön aussehen!" – „Dir gefallen also solche Sachen?" – „Ja, sehr. Wenn ich groß bin, kaufe ich mir auch welche!" – „Sag mir mal ein Beispiel!" – „Was heißt ein Beispiel?" – „Was du für schöne Sachen kaufen würdest, wenn du groß bist." – „Ich würde den Fuchs kaufen!"

Der Lehrer begann plötzlich eigenartig zu knurren, er bleckte die Zähne, und schließlich fing er regelrecht an zu jaulen. Und die Augen! Die waren so böse, daß Joonas sich vorsichtig in Richtung Wohnungstür zurückzog. Der Lehrer aber lächelte bereits wieder und rief: „Joonas, ich habe doch nur Spaß gemacht! Ich bin den ganzen Tag in so einer komischen Laune, daß ich gar nicht weiß, ist das nun Spaß oder ..." Ein Hustenanfall ließ ihn den Satz nicht beenden.

Joonas schaute den Fuchs forschend an, streckte den Finger aus und berührte die Nase des Tieres. Die war eigenartig fettig und warm. Joonas sah dem Lehrer in die Augen und sagte: „Ich habe so das Gefühl, daß der Fuchs Eku heißt." Der Lehrer strich sich ein paarmal über den Nasenrücken, packte den Federhalter, tunkte die Feder ins Tintenfaß und fragte: „Wie meintest du? Wie war doch gleich der Name?" Joonas wurde rot und wiederholte: „Eku." Der Lehrer schrieb den Namen auf und holte tief Luft. Dann nahm er den Fuchs zur Hand, biß ihm mit einem Ruck den Schwanz ab und zerkaute ihn mit Behagen. Joonas schlug die Hand vor Augen. Was tat ihm Eku leid! Der Lehrer aber lachte: „Dummes Kind, das ist doch Marzipan! Probier mal, beiß ihm den Kopf ab! Eku mag es, wenn man ihn beißt!" Joonas mampfte die süße Marzipanmasse und wiederholte still: „Verzeih mir, Eku! Verzeih mir, Eku!"

Dann wurde er plötzlich müde. Im Zimmer wurde alles irgendwie neblig und begann Wellen zu schlagen, und Joonas mußte seinen Kopf irgendwo anlehnen, jetzt, gleich, sofort ... Er hörte noch das Knacken der Treppe, dann das unterwürfige Aber-ja der Großmutter, und dann hörte er nichts mehr.

Als Joonas erwachte und die Augen aufschlug, erblickte er auf dem Hocker einen weißen Henkeltopf mit Wasser. Etwas schien da noch zu sein, etwas rotes und weißes. Joonas setzte sich auf, um es besser zu sehen. Es war ein Buch. Joonas nahm das Buch, strich mit der Hand darüber und schnupperte daran. Es war ein angenehm frischer Duft, wie ihn Joonas noch nie verspürt hatte. Auf dem Einband stand mit großen Buchstaben: EKU UND ANDERE GESCHICHTEN. Am oberen Rand standen kleinere Buchstaben, Joonas konnte auch die mühelos entziffern. Dann legte er die Hand aufs Buch und merkte, daß es angenehm warm war.

Joonas ließ sich in die Kissen zurückfallen, den Blick nach wie vor auf das Buch geheftet, und flüsterte: „Danke, Onkel Parijõgi[1]."

[1] *Jüri Parijõgi (1892-1941), estnischer Kinderbuchautor*

KAISA UND DER TOD

Kaisa und der Tod

In dem Moment, da Kaisa am Haupttor des Gutshofes Suurpea vom Pferdewagen herunterkletterte und ihr in den harten Stiefel gepreßter Fuß die vereiste Kalksteintreppe berührte, durchzuckte die alte Frau ein eisiger Blitz.
Kaisa war, als habe sich unter ihrem Stiefelabsatz ein Klumpen Eis gelöst, sei hoch zum Himmel gestiegen, dann mehrmals um ihren Kopf gekreist und schließlich durch den ausgefransten Ärmel, durch das Leinenhemd hindurch, geradewegs in den hintersten Winkel ihres Herzens gefahren.
Kaisa klammerte sich an das Seitenbrett des Wagens und ging lautlos in die Knie. Sie schaute Aie an und flüsterte: „Je, war das aber ein Stich –"
Der Pferdeknecht Aie, ein Klotz von einem Mann, klaubte die Alte wie ein Hühnerkücken auf und hielt sie in seinen Pranken. Erst schüttelte er sie, dann preßte er sein Ohr an ihr Herz und horchte. Zu Aies großer Bestürzung war Kaisa stumm wie ein Fisch. Nur die Augen in dem vertrockneten, wie zerknittertes Packpapier anmutenden Gesicht waren groß und klar und blau wie der Märzmittagshimmel, der sich still über das Gutshaus von Suurpea gebreitet hatte.
Aie setzte Kaisa auf eine trockene Stelle am Wegrand und biß sich auf die Lippen. Dann ließ er die beiden Zügelhälften eine Weile im Kreise schwirren und versetzte schließlich dem zusammengerollten Körper des im Wagen dösenden Burschen einen empfindlichen Hieb. Tunne schrie und fuhr auf. Er spuckte Spelzen und schnaufte in schwer gezügelter Wut mehrmals nacheinander. Tunne suchte nach etwas Gepfeffertem, um es dem Bruder ins Gesicht zu schreien, aber schon zerrte Aies gnadenloser Arm ihn aus dem Wagen und schüttelte ihn zwischen Himmel und Erde durch. Tunne zappelte wie eine Ringelnatter im eisernen Griff des älteren Bruders und brachte nur noch ein Krächzen hervor. Aie wies mit der Spitze seiner rindengeflochtenen Sandale in Kaisas Richtung und sprach: „Schau, Tunne. Das ist ein ehrbares Weib, rein wie das Antlitz des Herrn. Schau, wie ihre Seele hier, ausgerechnet am Tor zum Altenheim ..."

Tunne spuckte aus und hob die Schultern. Er spähte unter gerunzelten Brauen zum Bruder hinüber und knurrte: „Komm mir nicht so, Aie! Ich kenne die Alte, ich weiß, wer das ist, das ist die Lihuniku-Kaisa, der Teufel soll sie holen!" Und schon drang aus dem nahen Wäldchen ein lautes Knacken, ein wütendes Knurren und ein langgezogenes, sehnsüchtiges Heulen.

Die Lebensgeister waren wieder da. Kaisa setzte sich auf, riß sich das Kopftuch mit dem Hahnenmuster vom Kopf und öffnete ihr Haar. Das Geheul endete jäh, abgehackt wie mit der Axt. Kaisa bewegte den Mund, nickte vielsagend und schaute die Brüder abwechselnd an.

Aie und Tunne wischten sich den Angstschweiß von der Stirn. Kaisa tastete das obere Rundholz an der Wagenseite ab, und als ihre Hand festen Halt gefunden hatte, rappelte sich die Alte langsam hoch. Sie schaute die Kaseoru-Brüder lange an und flüsterte: „Danke fürs Herbringen. Dir, Aie. Und dir auch, Tunne. Ihr seid tüchtig. Tüchtig und hilfsbereit. Ihr werdet gewiß bald euer Glück finden."

Kaisa hob ihr Bündel auf, prüfte mit dem Daumennagel die scharfe Eisenspitze ihres Stocks und humpelte, ohne sich umzudrehen, auf die Tür zu. Die Spitze des Stocks nagelte sich auf die Sandsteinplatten und sprühte kalte Funken.

Die Kaseoru-Brüder rissen ihre Mützen vom Kopf und winkten der Alten hinterher. Winkten, bis die schwere, von einer Feder gehaltene Tür krachend hinter Kaisa zuschlug. Die Brüder zuckten zusammen und erkletterten den Wagen. Die hölzernen Achsen gaben ein klagendes Knirschen von sich, als der weiße Klepper anzog. Aie und Tunne hüteten sich zurückzuschauen. „Wer weiß, was die Kaisa und ihr Stock ..." ging ihnen durch den Kopf.

Über die Alte wurde allerhand geredet. Schlimme Sachen. An ihren Händen sollte Russenblut kleben. Bis an die Ellenbogen. Die Geschichten, die über Kaisa erzählt wurden, waren so schlimm, daß die Brüder gar nicht daran denken mochten. Geschweige denn, ein Gespräch darüber anfangen. Sie kauten auf ihren Lippen und starrten auf das Hinterteil des alten Kleppers.

Kaisa stand zur selben Zeit zwischen hohen Säulen, die eine gewölbte Decke abstützten. Sie stand und staunte. Unter der Decke hockten bunte Käuze in den Fensteröffnungen und blickten mit ihren starren bernsteingelben Augen durch die Alte hindurch. Kaisa umklammerte den Stock noch fester und sah dem Nachtgetier

furchtlos entgegen. Schließlich hatte sie genug, ließ den Stock aufstampfen und wandte den Käuzen den Rücken zu.
Vor Kaisa hing eine rosa Klingelschnur mit ausgefranster Troddel. Kaisa setzte ihr Bündel ab und streckte die Hand aus, um an der Troddel zu ziehen und zu sehen, was passieren würde. Der Stock glitt ihr aus der trockenen Hand, und das laute Klirren der eisernen Spitze echote auf dem Steinparkett, als hätte jemand ein wertvolles Gefäß zerbrochen. Kaisa hob den Stock rasch auf und hielt die Hand erschrocken vor den Mund.
Im selben Moment knallte irgendwo oben eine Tür, und schon kam eine junge Frau mit weißem Häubchen und einem Schürzchen über dem dunkelblauen Kleid die breite Treppe heruntergeeilt. Kaisa stellte fest, daß die junge Frau ein hübsches Gesicht hatte, aber sehr blaß war. Nun, das alte steingemauerte Gutshaus ist ja schrecklich feucht, dachte Kaisa bei sich. Dann strich sie mit den Händen ihr Haar glatt und streckte der jungen Frau mit dem bleichen Gesicht den Stock mit der Eisenspitze forsch entgegen.
Die junge Frau fing an zu lachen und schlug die Hände zusammen. „Sie sind doch bestimmt Kaisa? Kaisa, die Tochter vom Parriku-Hof?"
Die Alte nickte und sprach: „Die Kaisa, wer sonst. Die Kaseoru-Jungs haben mich von Parriku schön hergebracht, und da bin ich nun. Das ganze Hab und Gut dabei, nicht wahr." Stolz wies Kaisa mit ihrem Stock auf das Bündel.
„Willkommen auf Suurpea", sagte die junge Frau, lächelte und reichte ihr die Hand. „Ich bin Amelia, die Vorsteherin des Altenheims. Geben Sie mir Ihr Bündel. Und diesen schrecklichen Stock auch! Den brauchen Sie jetzt nicht."
Nach kurzem Zögern übergab Kaisa beides der freundlichen jungen Frau. Amelia lächelte immer noch und sagte mit milder Stimme: „Dann wollen wir mal langsam los."
Kaisa schaute sich um und flüsterte: „Haben wir es weit?"
Schwester Amelia schüttelte den Kopf und lachte wieder ihr wundersames Lachen: „Hier im Hause ist gar nichts weit. Alles ist griffbereit, ganz in der Nähe. Mit den Augen zu schauen und den Händen zu fühlen."
Kaisa beruhigte sich. Ach, so einfach ist das alles. Ach, tut das gut, daß am Ende alles so einfach ist. Endlich! Sie hakte die Schwester

vertrauensvoll unter, und sie stiegen gemeinsam die Treppe hinauf. Sie hatten keine Eile. In Abständen ruhten sie sich aus und schauten einander in die Augen. Amelia nickte und lächelte. Kaisa lächelte und nickte zurück. Schließlich machten sie vor einer einladend geöffneten Tür halt.
Kaisas Augen weiteten sich. Das Zimmer war gänzlich in Sonne getaucht, und in dem goldenen Licht leuchtete ihr das helle Bett mit der gestreiften Decke, dem schneeweißen Kissen und dem zurükkgeschlagenen Bettuch entgegen. Gleich neben dem Bett stand ein kleiner grüner Schrank. Schwester Amelia machte Kaisa vor, wie man mit einem Schlüssel die Schublade des Schränkchens auf und wieder zuschließen konnte.
„Hier können Sie ihre geheimen Sachen verstecken", flüsterte Amelia und lächelte. Kaisa spähte in das Innere des Schränkchens: saubere rosa Wäsche, ein Kamm, in einer winzigen Flasche eine duftende blaue Flüssigkeit, dann allerhand bunte Dosen und Fläschchen, eine kleine Schere, ein Nadelkissen, Strickzeug sowie mehrere Knäuel reiner Wolle ...
Kaisa schlug die Hände zusammen und tat einen freudigen Ausruf. Sie hatte sich das Altenheim ganz anders vorgestellt. Sie hatte gedacht, daß sie in einem engen und dunklen Gemeinschaftszimmer wohnen müßte, wo fünf oder sechs ihresgleichen wie die Sardinen in der Büchse ...
Das, was ihr eben widerfuhr, war schön wie ein altes Lied. Aber mit den Wollknäulen endeten die Wunder nicht. Unter dem Fenster stand auf einem kleinen runden Tisch ein schwarzer Kasten. Schwester Amelia lächelte verschmitzt und berührte einen der Knöpfe, die aus dem Kasten herausragten. Und schon war das kleine Zimmer von lautem Gesang erfüllt. Wunder über Wunder! Kaisa hatte von diesem Zauberkasten nur vom Waldhüter gehört und bei sich gedacht, daß das sicher nichts als Geschwätz vom alten Keskpaiga Timmu war. Aber hier stand der Kasten nun und sang aus voller Kehle! Das Zimmer begann vor Kaisas Augen zu schwanken. Sofort geleitete Schwester Amelia sie zum Bett, damit sie sich setzen konnte. War das aber ein weiches Bett! Mißtrauisch befühlte Kaisa die Unterlage. Anstelle von Stroh war hier irgend etwas Weiches und Glattes, kein einziger Halm ragte heraus, auch ließen sich keine Klumpen erfühlen. Es war wie das Seidengewand eines Königs.

Auf dem Bett sitzend hatte Kaisa jetzt Muße, einen Blick aus dem Fenster zu werfen. Sie sah Weiden, einen großen Obstgarten, dahinter einen Teich und am Horizont einen dunklen Waldstreifen. Der Teich lag in der Mittagssonne wie ein riesiger gleißender Spiegel, so daß Kaisa die Augen tränten. Sie wischte sie mit einem Tuchzipfel trocken und schniefte.

Die junge Frau mit dem weißen Häubchen redete munter auf Kaisa ein: „Also, Kaisa, Sie sind doch unsere Nationalheldin. Deswegen auch das hübsche Zimmer und die schönen Sachen. Denken Sie nicht, daß hier alle so wohnen. Dieses luxuriöse Zimmer wurde eigens für Sie eingerichtet und von der Regierung bezahlt, und heute abend wird Sie der Premierminister persönlich willkommen heißen. Aber jetzt gibt es gleich ein warmes Bad, wir waschen uns schön sauber und ziehen neue Sachen an. Und zum Mittag gibt es Frikadellen mit Lebersauce."

Kaisa machte eine harsche Handbewegung. „Ich habe mich gerade heute morgen an der Quelle gewaschen, von oben bis unten, meinetwegen muß kein teures Wasser verschwendet werden. Und von den Fritidellen weiß ich gar nicht, was ich davon halten soll."

Die junge Frau rückte ihr Häubchen zurecht und lachte. Und fort war sie. Kaisa hätte gern noch alles mögliche gefragt und sich auch ein bißchen unterhalten, nur so, über Gott und die Welt, aber das wird schon noch, der Tag ist ja lang und der Abend fern. Und schließlich ist morgen auch noch ein Tag.

Im Zimmer war es heiß wie in der Sauna. Kaisa öffnete die groben hölzernen Knebelverschlüsse ihrer Felljacke und riß sich das wollene Tuch vom Kopf. Zog dann den brüchigen Pelz aus und untersuchte ihn von allen Seiten. Der aus dreifachem Leder bestehende, mit Sehne zusammengenähte Pelz war stark wie eine Ritterrüstung. Mitten im Rücken waren die kurzen tiefen Einkerbungen deutlich zu erkennen. Eine Erinnerung an die weit zurückliegende Schlacht, als Kaisa sich im Wald versteckt gehalten und ein russischer Soldat, fast noch ein Junge, ihr in den Rücken geschossen hatte. Die Kugeln waren wie Erbsen an den Pelz geprallt, und Kaisa war lachend im dichten Unterholz verschwunden. In derselben Nacht hatte sie sich im Schutz der Dunkelheit hinter die Linie der Rotarmisten geschlichen und die Bäuche von fünf blau uniformierten Söldnern des Strafbataillons mit ihrem Stock der Länge nach aufgeschlitzt und ausgeweidet. Für diese Tat bekam Kaisa jetzt, Jahrzehnte später, von den Stadtvätern Paides ein hübsches glänzendes Abzeichen und ein Stück Papier, das bezeugte, daß Kaisa eine Heldin war. Kaisa war sehr überrascht, daß man sich an diese Bluttat noch erinnerte. Anfangs fürchtete Kaisa, als ihre enge Hütte sich mit wichtigen Herrschaften füllte, daß sie verhaftet werden würde. Für gewöhnlich wird man ja eingesperrt, wenn man andere Menschen tötet. Aber diese neuen Herrschaften kannten die Welt sicher besser als Kaisa, nein, hier gab es nichts zu befürchten oder zu erklären. Die Regierungsherren brachten außerdem ein großes süßes Brot mit und lange gelbe Blumen. Sehr schöne Blumen waren das. Und in der Flasche mit dem bunten Schild war eine fremdländische Köstlichkeit, süß wie Honig, aber beim Schlucken brannte sie in der Kehle wie Schnaps. „Ja, das waren noch Zeiten", murmelte die Alte und drückte ihr Gesicht für einen Augenblick in den Pelz. „Und die heutigen Zeiten erst, o nein, o nein, das Gutsfräulein Kaisa ist heimgekehrt", kicherte die Alte und wiegte mehrmals ungläubig den Kopf. Sie wischte sich mit der Hand über die wasserklaren Augen und hängte den Pelz an den Kleiderhaken.

Dann setzte sie sich leise stöhnend auf den Fußboden und lehnte sich mit dem Rücken gegen die Tür. Was war es schön, einfach nur dazusitzen und an nichts zu denken! Kaisa lächelte, knüpfte die Drahtsenkel auf und zog die widerspenstigen Stiefel aus. Sie hievte die schweren Stücke auf ihren Schoß und untersuchte sorgfältig alle Nähte sowie die Eisen der Absätze. Diese Stiefel hatten ihr zweiundachtzig Jahre lang treu gedient. Der verblichene Parriku´s Aap hatte sie seiner einzigen Tochter Kaisa zur Konfirmation gefertigt. Zweiundachtzig Jahre, Tag um Tag, hatten Kaisas Füße das Stiefelpaar bemüht, aber noch immer sah es aus wie am ersten Tag. Die Eisen an den Absätzen blitzten, und keine einzige Naht war aufgetrennt. Weder Frühjahrsschlamm noch Sommerdürre, weder Herbstregen noch Winterkälte hatten den Stiefeln etwas anhaben können. Die ungebrochene Liebe des Vaters zur Arbeit und der Schweiß seiner Mühe, das war die Zauberkraft gewesen, die das Stiefelpaar für Jahrzehnte konserviert hatte. Nur die Schnürsenkel hatte Kaisa in den ersten Jahren wechseln müssen. Sonderbarerweise waren sie immer sehr schnell durchgescheuert. Später wußte Kaisa statt der Hanfschnüre rostfreien Draht durch die Ösen zu ziehen, und wieder gab

es für Jahrzehnte eine Sorge weniger. Kaisa mümmelte zufrieden vor sich hin und stellte das Stiefelpaar zur Seite. Mit den Spitzen zur Wand. Kaisa schloß die Augen. Und spürte, daß etwas falsch war. Kaisa verrückte die Stiefel etwas. Jetzt standen die Hacken zusammen und die Spitzen leicht voneinander entfernt. Auch diese Stellung gefiel Kaisa nicht. So ein hübsches Zimmer, das Bett, das Schränkchen und der Tisch. Ein Stuhl mit einem gepolsterten Sitz und der wundersame singende Kasten. Und jetzt die Stiefel, die verdarben alles! „Stock, mein Stock, wo bist du", zischelte Kaisa. Sie wurde wütend.
Der Stock lehnte am Bett, die lange eiserne Spitze wie ein Rapier in der Sonne glänzend. Kaisa streckte die Hand aus, und der Stock glitt gehorsam hinein. Sie spürte den würzigen Duft von poliertem Wacholder und die vertraute warme Schwere, als der Stock durch die Luft sauste. Das Stiefelpaar flog durchs Zimmer. Die Alte beäugte mit geneigtem Kopf die neue Stellung und war zufrieden. Die Stiefel standen jetzt hintereinander – der rechte vorn, der linke einen halben Meter dahinter. Es schien, als käme das Stiefelpaar schwungvoll zur Tür herein. Kaisa nickte.
„Sei gegrüßt, wer du auch seist", murmelte Kaisa und trippelte zum Bett. Sie ließ sich behutsam auf dem weichen Rand nieder, dann legte sie sich seufzend auf die Seite.
Kaisa betrachtete die hellgelbe Wand. Das war eine besondere Wand. Von weitem hatte man den Eindruck, als sei sie verputzt. Jetzt, von Nahem, stellte sich heraus, daß es ein ganz eigenartiges, knubbelig dickes und gefärbtes Papier war.
Kaisas Augen fielen zu. Ein warmes Zittern ging durch die Lider, die sich mit einer solchen Kraft auf die Augen legten, daß keine einzige Macht der Welt sie hätte wieder heben können. Die Alte rief mit hoher Stimme etwas Verworrenes durch den Traum und wurde dann in die tiefe Dunkelheit des Ungewissen getragen.
Plötzlich fühlte Kaisa, wie eine heiße Welle durchs Zimmer fuhr. Als hätte jemand eine Backofentür geöffnet. Sie erwachte, aber wagte nicht, die Augen zu öffnen. Kaisa spürte, wie sich jemand schwer auf dem Bett niederließ. Sie hielt den Atem an.
Am Fußende saß wer. Jetzt suchte er eine bequemere Haltung. Selbst durch ihre dicken Socken aus Hundehaar fühlte Kaisa die schneidende Kälte. Es schien, als hätte jemand einen großen Eisblock aus

53

dem Keller heraufgebracht und ihn ans Bettende gelegt. Kaisa zog die Beine an und öffnete vorsichtig die Augen. Im Zimmer war es dunkel geworden. Das dunkle eiskalte Zimmer kam ihr umso seltsamer vor, weil hinter dem Fenster nach wie vor die Märzsonne schien und Kaisa deutlich die erste Lärche tirilieren hörte.

Am Bettende saß ein jüngerer Mann mit kräftigem Rücken, blassem Gesicht und einem hellen kurzen Bart. Er trug einen langen tiefschwarzen Mantel. Eine seltsame Mütze mit spitzem Zipfel war wie ein Sack am Mantelkragen befestigt und fiel dem Mann über die Augen. Anfangs dachte Kaisa, daß der Mann der Leiter des Altenheimes war, gekommen, um die neue Bewohnerin zu begrüßen. Oder ein Staatsbeamter. Der Glanz der Brillengläser kam ihr irgendwie bekannt vor. Aber als sie den Mantel des Mannes genauer betrachtete ...

Das war ein eigenartiger Stoff, aus dem er gemacht war. Kaisa, die ihr Leben lang selber gewebt hatte, hatte ein solches Wunderding noch nicht gesehen. Wie dickes Leinen, aber die Art, wie der Stoff gewebt war – das war einfach nicht möglich! Die Webstreifen liefen nur in eine Richtung! Solch einen Stoff gibt es in Wirklichkeit nicht. Unerhört! Solch einen Stoff kann es gar nicht geben! Aus dem einfachen Grunde, weil ein solcher Stoff nicht zusammenhalten würde. Dem Stoff fehlte der Kettfaden!

Das war, weiß der Teufel, was, und Kaisa wurde, als sie den Stoff betrachtete, von Angst. befallen. In der ungebrochenen Bewegung der schwarzen Linien spiegelte sich ihr ganzes langes ereignisloses Leben wider. Keinen einzigen Knoten, den man für einen Moment hätte berühren können, um sich an ein wichtiges Erlebnis zu erinnern und sich daraufhin am Erinnerungsfaden weiterzubewegen, um beim nächsten Kettfaden oder Knoten nachdenklich innezuhalten. Kaisa fand, daß der schwarze Mantel des schweigsamen Mannes dahinfloß wie Wasser. Ja, sein Gewand war wie der schwarze stille Fluß, der hinter der Sauna der Parrikus zwischen den Steinen seinen Anfang nahm, gemächlich durch das entönige Weideland floß und später spur- und lautlos in der finsteren Niederung des Wolfsmoors verschwand.

Kaisa begriff schließlich. Ergeben schloß sie die Augen und flüsterte: „Als ich dich im Winter rief und bat, da bist du nicht gekommen. Jetzt, wo ich ein warmes Zimmer und mein eigenes Bett habe, bist du da! Aber gegen dich kommt man nicht an ... Ich bitte nur ... eins bitte ich nur ... daß es nicht weh tut. Mach bitte, daß es nicht wehtut."

Die Alte zog die Decke für alle Fälle über den Kopf und drückte das Gesicht ins Kissen. Sie schluckte mehrmals hintereinander und flüsterte weiter: „Na gut ... Es kann auch wehtun, wenn es gar nicht anders geht. Aber es ist so schade, weil ich in meinem neuen und weichen Bett bin. Nicht eine Nacht ... konnte ich nun darin schlafen. Aber das muß dann wohl so sein. Du bist klüger als wir und kennst die hiesigen und die jenseitigen Dinge ... von allen am besten."

Der schwarze Mann saß am Bettende. Saß da, den Kopf auf die Brust gesenkt, und hing seinen Gedanken nach.

Schließlich nickte er sanft.

Im blühenden Roggen

Da lag er nun, der Vukti-Bruno, in seinem neuen Jackett aus Polen, mit den braunen spitzen tschechischen Schuhen an den Füßen, einem Spirituslappen auf dem Gesicht und einem Kupferdraht um den Zeigefinger. Das andere Ende des Drahtes stak in einem Wasserglas, der Himmel färbte sich schwarz, das Gewitter nahte mit jeder Sekunde, und ohne Antenne wäre der Bruno zerborsten. Die Antenne hatte der Kaunispaik-Sander, der Physiker in Tallinn war und sich in den Wissenschaften auskannte, angebracht, obwohl er zur Beerdigung eigentlich gar nicht geladen war. Auch die Fünfkopekenstücke aus Messing hatte Sander auf die Augen des Toten gelegt und lachend gemeint: „Die Sargträger wollen bezahlt sein, mein Junge, Trinkgeld mußt du schon dabei haben!" Die Münzen hatten aber auch noch einen anderen Sinn – der Verblichene sollte nicht sehen, von wem er wohin gebracht werden würde.

Der kleine Metsa-Priidu hockte im Vorraum unter dem Tisch und lauschte angestrengt, was Onkel Kaunispaik zu sagen hatte. Der ließ den Schnaps direkt aus dem Flaschenhals in die Kehle gluckern dann knallte er die Flasche auf den Tisch und sagte: „Äch!"

Priidu wunderte sich, warum sie Bruno kein Hemd angezogen hatten. Das Jackett hatten sie ihm direkt auf den nackten Leib gezogen und unter das Jackett ein weißes Geschirrtuch wie eine Bluse gesteckt. Sander hatte mit einem Stück Holzkohle schwarze Knöpfe draufgemalt und gesagt: „Na, wenn das kein Hemd ist, die Knöpfe alle schön zu und ... äch!" – und zur Bekräftigung seiner Worte noch einen ordentlichen Schluck genommen.

Sander sprach mit Bruno wie mit einem lebendigen Menschen. In der Stube war niemand weiter, Mutter und Großmutter waren in der Küche, der Vater war schon am Morgen mit der Feuerwehr fortgebracht worden. Er war wieder verrückt geworden, als sie ihnen den Bruno gebracht und auf den Hof geworfen hatten.

Priidu fürchtete sich höllisch vor dem Krachen, wenn die Flasche auf die Tischplatte geknallt wurde und zog den Kopf ein. Aber jetzt geschah etwas ganz seltsames – der Kaunispaik-Sander ging in die

Knie, röchelte und wiegte sich hin und her, die Schnapsflasche fiel mit einem sanften Laut auf den Teppich, und auf denselben fiel auch Sander. Priidu schlich zu ihm hin und horchte. Sander atmete nicht mehr. Priidu schaute ihm in die Augen. Die standen vor Staunen weit offen, auch der Mund war weit geöffnet. Der Kaunispaik-Sander war mausetot. Priidu drehte ihn auf den Rücken und drückte ihm die Augen zu. Aber was war das denn! Sie gingen wieder auf! Priidu versuchte die Kinnlade nach oben zu drücken, aber damit war es dasselbe. Sanders bunter Pullover war hochgerutscht, und Priidu entdeckte zu seiner Überraschung, daß der Onkel weder einen Gürtel noch Hosenträger trug. Die Hose war am Bund mit einem mehrfach um den Körper laufenden Kupferdraht versehen, so daß Sanders Taille aussah wie dieses komische bewickelte Teil aus dem Radioapparat. Priidu zerrte am Ende des Drahtes, wickelte ein Stück ab und steckte es ins Wasserglas neben den Draht von Bruno. Er war darauf bedacht, daß sich die Enden nicht berührten und es keinen Kurzschluß gab. Dann ging er in die hintere Kammer und suchte das Sparschwein heraus. Er machte es genauso, wie es vorhin der Sander gemacht hatte: er hielt sich die Nase des Schweins an den Mund, tat so, als würde er trinken und schlug dann das Schwein mit voller Wucht gegen den Tisch. Aus den breitgeschleuderten Münzen suchte Priidu zwei Fünfkopekenstücke heraus und schlich in die Wohnstube zurück. Er drückte Sander die Augen zu, legte die Münzen auf die Lider und band mit einem Drahtende die Kinnlade hoch.
Dann spähte der Junge in die Küche. In der Küche putzten die Mutter und die Großmutter Brunos Motorrad. Die „Jawa" vom Vukti-Bruno war noch gestern der ganze Stolz des Dorfes gewesen. Der blitzende Hirsch paradierte fast jeden Tag am Laden. Die kleinen Bengels standen in einer Traube um Brunos Motorrad herum, denn jeder wollte die „Jawa" einmal eigenhändig berührt haben. „Guck mal, hundertachtzig macht die mit links", flüsterte der Altmetsa-Villu Priidu zu. Der widersprach: „Nie im Leben! Das steht hier bloß drauf, damit es schicker aussieht!" – „Quatsch! Du spinnst!" rief der Altmetsa-Villu, „Wir fragen Bruno, wenn er kommt, dann wirst du´s ja sehen!"
Und genau da krachten zwei Schüsse, und aus dem Roggenfeld stieg

schwirrend ein gewaltiger Drosselschwarm auf. Hunderte von Flügelpaaren rauschten über die Köpfe der Jungen hinweg. Über dem Roggenfeld hing goldener Blütenstaub, und der alte Schäferhund des Schmiede-Hofes begann fürchterlich zu jaulen. Und dann kam Bruno, atemlos, verschwitzt und zerzaust, die Jagdflinte in der Hand, und schrie schon von weitem: „Nehmt ihr die Pfoten von meiner ...! Macht, daß ihr wegkommt, verdammte Bande!" Die erschrockenen Jungen verdrückten sich hinter den Laden, so hatten sie Bruno noch nie erlebt, das war doch nicht ihr Bruno! Villu und Priidu schauten sich an und hielten sich zitternd hinter dem Holzstoß verborgen. Der Holzstoß duftete, die Sonne strahlte – alles war wie sonst, aber auch wieder nicht. Warum schrie Bruno so? Warum hatte er die Doppelläufige dabei? Ob er es war, der geschossen hatte? Priidu spähte durch das gestapelte Holz zum Laden hinüber. Bruno knickte die Jagdflinte ein, riß die Patronenhülsen heraus und schleuderte sie in den Straßenstaub, dann lud er die Flinte aufs neue. Und dann hielt er die Hände wie ein Sprachrohr an den Mund und rief: „Alle, die mich hören! Meine Braut und Anverlobte, die Sombi-Epp war mit dem Karuse im Roggen! Ich habe sie erschossen wie räudige Hunde! Und jetzt fahre ich nach Virtsu und stelle mich der Miliz!" Bruno hängte sich die Flinte mit einem Ruck um, trat die „Jawa" an und startete mit aufheulendem Motor durch. Das Motorengeräusch schwoll zu einem hohen Jaulen an, bis es plötzlich einen Knall gab und ein kurzer Aufschrei erfolgte. Die Jungen blickten sich an und rannten los. Als sie den Wacholder hinter sich gelassen hatten, sahen sie vor allem das hingestürzte Motorrad. Und dann erst den Vukti-Bruno, der kopfüber im Feldsteinhaufen kniete. Brunos Kopf war oben offen wie eine Blumenvase, alles war dick voller Blut und irgendwelcher rosagrauer Stückchen. Priidu wurde schlecht, er stützte sich auf einen Stein und übergab sich. Villu machte sich in die Hose und begann zu schreien. Auch Priidu begann zu schreien, und sie schrien gemeinsam, als wären sie aufs Rad geflochten. Vom ungewohnten Laufen völlig außer Atem, langte mit wehendem weißen Kittel der Laden-Albert an. Er war wütend wie eine Hornisse, drosch mit dem Fuß gegen das Motorrad und schrie: „Verfluchtes Motorrad, alles deine Schuld, wer hat dich bloß erfunden!" Er hämmerte mit Händen und Füßen auf das Motorrad ein, bis er nicht mehr konnte, dann lehnte er den Kopf an das Gefährt, das noch warm war und weinte. Seine Tränen tropften zischend auf das heiße Metall. Aber dann kamen die Grenzer mit dem grünen Willis. Hauptmann Porfirin kletterte ächzend heraus. Er zündete sich eine Papirossa an, sog den Rauch geräuschvoll bis in die Lunge und fragte: „Nu schto, jobanny geroi? Posledny poljot? Eh, huijowin ty moi ...", was, gelinde gesagt, soviel hieß wie, na du Held, das war wohl dein letzter Flug, du bist mir schon einer. Er kniete neben Bruno nieder, und in seinen Augen glänzten Tränen, als er die Uniformmütze absetzte und sich damit übers Gesicht fuhr. Und der schlitzäugige Chauffeur saß im Auto und hielt das Lenkrad, so daß seine Knöchel ganz weiß waren. Er stieg nicht aus. Der Laden-Albert klatschte in die Hände und scheuchte die Jungen wie Hühner fort: „Was habt ihr hier zu suchen! Ab, nach Hause! – schschsch! – ab marsch!" Und Porfirin bellte: „Da-daa, marss, marss, nach Gausje!"

Ja, genau so war das gewesen.

Priidu bohrte in der Nase und schaute zu, wie die Mutter das Motorrad mit Essig putzte. Die Großmutter schnitt aus weißem und schwarzem Stoff Streifen und Rosetten, spähte über den Brillenrand zum Jungen hinüber und befahl: „Hier gibt's nix mehr zu gucken, zieh dir was Frisches an, und auf geht's zum Gottesacker, 's ist schon spät!" Die Mutter zog gurgelnd den Rotz hoch und greinte: „Sei mein guter Junge, Priidu, und mach, was sie sagt und fang jetzt nicht an, was andres zu wollen ..." – „Ich kann doch nicht", Priidu knetete seine Finger, „der Kaunispea-Sander ist nämlich auch gestorben, er ist vor die Tür von der Kammer gefallen. Und ich krieg die Tür nicht auf!" Die Großmutter hatte den Leimpinsel im Mund, sie befestigte am Lenker der „Jawa" gerade eine schwarze Rosette und zischte: „Dann schleif ihn beiseite, Wanderprediger! Bist doch sonst nicht auf den Kopf gefallen!" Die Mutter warf den Essiglappen in den Schmutzwasserzuber, schnupperte an ihren Händen, reckte sich und nahm Priidu an die Hand: „Jetzt gehn wir mal gucken, wie tot der Kerl nun wirklich ist. Und wieso der Hund sich ausgerechnet hier zum Sterben legt! Was gibt es doch für Menschen auf der Welt!"

Priidu zeigte mit dem Finger auf Sander und schaute die Mutter an. Die Mutter schleifte die Leiche von der Tür weg, deckte sie mit dem Teppich zu und strich Priidu übers Haar: „Hast du gut gemacht, hat es dir nicht leid getan, das Kleingeld aus dem Sparschwein zu nehmen. Er war ja auch nur ein Mensch. Ein komischer, aber ein Mensch. Immerhin. Du bist ein tüchtiger Junge, Priidu! Schon wie ein großer Mann. Komm, laß uns frische Sachen anziehen. Gleich müßte Hauptmann Porfirin mit seinen Soldaten da sein." Die Mutter öffnete den Kleiderschrank und zog den alten Militärmantel aus. Priidu betrachtete den gebräunten Rücken der Mutter und schluckte. Er dachte an die Sombi-Epp, die mit dem Vukti-Bruno im Roggen geschlafen hatte, und hob die Schultern. Priidu hatte mehrmals daran gedacht, daß er auch mal mit der Sombi-Epp in den Roggen gehen könnte. Epp hatte Priidu schließlich gelockt, direkt angefaßt und gezerrt, aber Priidu war immer rot geworden, hatte Epp in die Hand gebissen und war weggelaufen. Aber der Altmetsa-Villu war einmal mitgewesen im Roggen und hatte hinterher Priidu voller Entsetzen berichtet, daß bei der Sombi-Epp zwischen den Beinen ein schwarzes Felltier wohnte, das zwei rote Zungen herausstreckte und sein Maul mit gelben Hauern weit geöffnet hatte. Priidu fing an zu weinen, und jedesmal, wenn er an dieses schreckliche Tier dachte, befiel ihn große Angst.

Priidu schnürte die Stiefel zu und richtete sich auf. Die Mutter tunkte den Kamm ins Zuckerwasserglas und kämmte die Haare des Jungen schön glatt. Sich selber band sie ein schwarzes Seidentuch um den Kopf und zog die Spitzenhandschuhe an. In dem Moment kam, quer übers Dahlienbeet, Hauptmann Porfirin auf den Hof gefahren. Zwei Lastwagen mit Plane folgten dicht auf den Willis. Eine stinkende blaue Wolke hing über den Beerensträuchern wie ein Stück zerrissener Stoff. Die Mutter winkte den Grenzern durchs Fenster zu und eilte aus der Stube. Priidu schlich an der Wand entlang in die Küche, schielte zur Großmutter und schlüpfte hinaus. Der Kümmel und der Wegerich dufteten, die Grenzer hockten schweigend ums Auto herum und rauchten. Hauptmann Porfirin trat an die Treppe und begann Befehle zu erteilen. Da spähte die Mutter durch das geöffnete Küchenfenster hinaus, bemerkte Priidu und flüsterte: „Geh auf den Friedhof! Geh schon vor und warte da! Nun geh schon! Ich muß mit Onkel Porfirin was Wichtiges besprechen!"

Und so saß denn Priidu schon eine ganze Stunde auf dem bemoosten alten Grabstein hinter der Kapelle und schaute zu, wie ein Eichhörnchen in der Fichte mit den Zapfen spielte. Er wäre gern

selber das sorglose Eichhörnchen gewesen, denn die Welt der Erwachsenen war unverständlich und fremd, furchteinflößend und verletzend ...
Schließlich wurde der feierliche Friede des Kirchgartens vom Lärm mehrerer Automotoren durchschnitten. Priidu stand auf und klopfte sich die Hose ab. Die Soldaten trugen den Vukti-Bruno auf Händen wie einen Helden. Hauptmann Porfirin schob, auf den Lippen kauend, die „Jawa" im Trauerschmuck, und der Altmetsa-Vassel spielte auf dem Akkordeon die „Marseillaise". In den tiefliegenden Augen Porfirins standen Tränen. Die Soldaten trugen Tannenzweige und Blumen. Eine Frau aus der Brüdergemeine von Lihula hatte Trauerflore und Liedblätter gestaltet, die sie nun an die Trauergäste verteilte. Priidu hatte noch nie so schöne Buchstaben gesehen – alle waren gleich groß und hielten sich genau in einer Reihe. Die Tante aus Lihula war wie eine richtige Künstlerin, denn jetzt griff sie sich einen komischen gelben Kasten, aus dem sie eiserne Beine herausklappte, ein weißes Stück Pappe stellte sie an der Stütze in der Mitte auf, drückte aus kleinen Tuben Farbe auf ein Brettchen und nahm Pinsel zur Hand. Wie hervorgezaubert entstand auf der Pappe das Gesicht vom Vukti-Bruno. Das war so wunderbar, daß Priidu vor lauter Glück in die Hände klatschte. Hauptmann Porfirin bewarf ihn mit einem Erdklumpen und ballte seine tätowierte Faust. Priidu hob die Hände und schlich hinter die große Fichte.
Und dann stellten die Soldaten das Motorrad auf dem Grund des Grabes auf, einer blieb stehen, um das Gefährt zu halten, die beiden anderen hievten Bruno auf den Sitz. Dann wurden die Arme vom Vukti-Bruno am Ellenbogen gebrochen und auf den Lenker gelegt, und zuletzt wurden die Soldaten von ihren Kameraden aus dem Grab gezogen. Priidu hatte in einem Geschichtenbuch ein buntes Bild gesehen, wo ein Skelett auf einem Pferd galoppierte, so daß unter den Hufen Flammen herausschlugen, Steine und Qualm natürlich auch. Das Skelett hatte ein krummes Brotmesser in der rechten und ein großes Buch in der linken Hand. Wenn Priidu die Augen zukniff und Bruno betrachtete, war alles beinahe genauso wie auf dem alten Bild. Nur daß die Flammen fehlten. Hauptmann Porfirin befestigte Bruno die doppelläufige Jagdflinte auf dem Rücken, aber sie blieb irgendwie unnatürlich hängen. Porfirin befahl den Riemen kürzer zu stellen. Jetzt war es besser, man konnte die Flinte sehr gut sehen. Die Groß-

mutter und die Mutter hoben Schüsseln mit Essen aus den Autos und schleppten sie an den Rand des Grabes. Eine ovale Platte mit allerlei Häppchen wurde vor Bruno auf den Tank gestellt. Die Mutter schnitt eine ordentliche Scheibe Brot ab und legte sie neben den Teller mit Fleisch, auch Messer und Gabel tat sie dazu. Porfirin fügte Konserven mit gekochtem Rindfleisch hinzu und Schnapsflaschen. Nach kurzem Nachdenken steckte er noch eine Flasche Portwein zwischen die Tannenzweige. Die Großmutter nickte anerkennend und verkündete laut: „Ganz recht! Genau so! Was für eine Überraschung und was für ein Geschenk! Für den, der´s entdeckt, zur Freude! Und was gibt's einen guten Geschmack!" Hauptmann Porfirin schluchzte, nahm die Uniformmütze ab und betrachtete nachdenklich den roten Stern. Dann seufzte er tief und setzte Bruno die Mütze mit einer feierlichen Geste auf den Kopf. Priidu flüsterte der Mutter zu: „Aber mit Mütze sitzt man doch nicht am Tisch!" Die Mutter zog Priidu schmerzhaft an den Haaren und zischelte: „Er sitzt nicht am Tisch! Er sitzt im Grab, siehst du das denn nicht!" Jetzt schaufelten die Grenzer das Grab zu. Profirin öffnete ein Zigarettenetui aus Aluminium, entnahm eine Papirossa und betrachtete nachdenklich den Grabhügel. Er verneigte sich und flüsterte: Ty tepjer kak Bruno-khan spisch. Ja tjebje kurgan stroil." – Du schläfst jetzt wie Khan Bruno. Ich habe dir ein Heldengrab gebaut.

Porfirins leises Klagen wurde von einem fürchterlichen Krachen unterbrochen. Das Gewitter war da, und aus dem Himmel goß es wie aus Kannen. Priidu beschlich die traurige Ahnung, daß die himmlischen Heerscharen um all jene weinten, die auf Erden ein törichtes Leben führten und einen noch viel törichteren Tod erlitten.

Kiss me, Kate

Adenauer erwachte. Blinzelte und riß die Augen auf. Tastete nach seiner Brille, aber die saß fest auf der Nase. Alles war in Ordnung, nur – er war erblindet! Nichts sah er, nichts außer einem tiefroten Lichtschein! Adenauer wurde von Entsetzen gepackt – sollte er etwa den Rest seines Lebens in finsterer Nacht dahinvegetieren? Adenauer spuckte aus, der Kater war so gräßlich, daß im Grunde genommen alles übrige zweitrangig war. „Dann ist's eben so. Wenn's nicht anders geht", stieß er heiser hervor und setzte sich auf. Seine Hände berührten einen lederbezogenen Kasten. Gott sei Dank, das Saxophon war da! Er fingerte an den Schlössern herum und bekam den Kasten auf. Widerlicher Fuseldunst schlug ihm entgegen. Adenauer packte das Saxophon aus und nahm das Mundstück zwischen die Lippen. Es schmeckte nach abgestandenem Kirschlikör. Jetzt fiel ihm ein, daß sie ja gestern den Geburtstag von Livika gefeiert und das Saxophon mit Kirschlikör und Wodka befüllt hatten, ehe es von Hand zu Hand und von Mund zu Mund gewandert war. Ach, verdammt, was mit dem Instrument war, war doch vollkommen egal! Was jetzt zählte, waren die Augen. Was, zum Kuckuck, ist mit den Augen los?! Adenauer setzte die Brille ab, im selben Moment blendete ihn ein grelles Licht. Das kann ja wohl nicht wahr sein – jemand hat ihm zwei Scheiben Salami auf die Brillengläser geklebt! Dieser Jemand konnte nur der Waldhornist Kullamaa gewesen sein, der bekannt war für seine sadistischen Späßchen. Adenauer lachte tonlos, dann setzte er das Saxophon erneut an und löschte den schlimmsten Durst. Machte „Äch" und stopfte die Salamischeiben genußvoll hinterher. Als er die Hand in die Jackentasche steckte, war er überrascht: Zigaretten und Streichhölzer waren ja noch da! Adenauer erhob sich und schloß den Kasten. Aus der Küche spähte Köchin Sonja und machte eine abwehrende Handbewegung. Die Eingangstür stand offen, die Sonne strahlte wie ... Adenauer stand wankend auf der Treppe, zündete sich eine „Priima" an und fand irgendwie nicht das richtige Wort, um die Sonne zu beschreiben. Sonja stieß ihn mit spitzen Ellenbogen zur Tür hinaus: „Zieh Leine,

Mensch, komm mir bloß nicht wieder! Geh schon, hier gibt's nichts zu holen!" Adenauer lachte breit, klatschte dem Mädchen auf den Hintern und fing an zu singen. Er sang aus voller Kehle: „Kiss me, kiss me, kiss me, Kate!" Die an diesem Morgen zur Arbeit gingen, schmunzelten, einige lachten sogar und hoben zum Gruß die Hand oder die Mütze. Adenauer war bekannt, man kannte ihn als Saxophonisten der umschwärmten Band „Sunnyboys". Außerdem war er zu seinem Sechzigsten gerade auf der Titelseite des Kulturwochenblatts mit einem großen Foto geehrt worden.
Adenauer ging über den Freiheitsplatz und zog sich das Jackett aus. Schrecklich heiß, entsetzlich heiß, der Schweiß floß in Strömen und brannte in den Augen. Adenauer schaute auf die Uhr, die zeigte halb elf. Im „Kuku", dem Künstlerklub, besaß nur er eine Digitaluhr, er hatte sie im Bahnhofstunnel in Helsinki gekauft. Alle hatten sie bestaunt wie ein Wunderding – man stelle sich vor, gar keine Zeiger! Adenauer lächelte sein berühmtes Papstlächeln und torkelte die Kreuksi-Straße entlang, ächzte und betrat den Riga-Laden. Er bestellte zwei Glas Tomatensaft, suchte aus der Tasche vier Fünfkopekenstücke und zahlte, dann schüttete er ordentlich grobes Salz auf den Saft, schloß vor Behagen die Augen und trank. Die ältliche Verkäuferin hüstelte vielsagend. Adenauer konnte nicht umhin, wieder loszuschmettern – so wohl fühlte er sich in dem kühlen Laden mit dem frisch gewischten Fußboden, der bitter nach Chlor duftete. „Kiss me, kiss me, kiss me, Kate!"
Nachdem er aus dem Laden gestolpert war, wandte er sich nach rechts und schaute erneut auf die Uhr. Auf dem Städtischen Friedhof war heute um zwölf die Beerdigung, das hatte er sich eingehämmert. Adenauer spielte auf Beerdigungen Saxophon. Fünfundzwanzig Rubel waren viel Geld, manchmal gab es mehrere Beerdigungen an einem Tag, und der Rubel rollte.
Über den Hof des Zentralkrankenhauses tapernd, dachte er an die Ärmsten, die hinter den grauen Mauern als Gefangene ihrer Leiden und Gebrechen schmachten mußten. Nach Adenauers Meinung war Krankheit wie ein grausamer Herrscher, der seine Untertanen peinigt und sie nicht in Frieden leben läßt. Er schüttelte die Fäuste und schlug mit dem Fuß mehrmals gegen die steinerne Hauwand: „Da, Krankheit! Da! Schadt' dir nichts!" Das Saxophon war schwer. Adenauer nahm es in die andere Hand und stapfte weiter. Ver-

dammt, eine Flasche „Kelluke" hätte man sich kaufen sollen, der Schlund ist staubtrocken, sogar mehrere Flaschen wären weg wie nichts. Aber jetzt war es zu spät. Irgendwann einmal hatte eine Bekannte hier als Krankenschwester gearbeitet, bei der konnte man jeden Morgen eine kleine Spritration tanken. Mit Apfelsinensirup. Adenauer rülpste und setzte sich schwankend in Trab, beinahe wäre er hingefallen. Bis zur Beerdigung waren es noch knapp anderthalb Stunden. Adenauers Kopf hämmerte wie wild. Er beschloß, im Schatten der Büsche ein Nickerchen zu machen, Schlaf tat immer gut. „Kommt zu mir, die ihr mühselig und beladen seid ... Schlafen wir ein Ründchen, ich bin der Schlaf, und du bist Kate ..." grölte Adenauer und brach krachend in die Büsche ein.
Am äußersten Ende des Friedhofes war keine Menschenseele, nur die Hauptwege waren halbwegs belebt. Adenauer legte sich den Instrumentenkasten unter den Kopf und schloß die Augen. Er erwachte auf ein merkwürdiges Geräusch hin, als hätte jemand eine Champagnerflasche geöffnet. Genau! Genau so hatte es eben ganz in der Nähe geknallt! Adenauer setzte sich auf und lauschte. Jetzt wurde der Champagner in die Gläser gegossen. Adenauer hörte, wie er sprudelte. Er schluckte und bewegte die gesprungenen Lippen. Adenauer hatte ein absolutes Gehör und wußte, daß der Champagner kalt war, denn der Knall hatte sich sanft angehört. Jetzt wurde angestoßen, der Klang von böhmischem Kristall war unverkennbar. Adenauer hielt es nicht mehr aus, er stand auf und schob die Büsche auseinander. Auf der Wiese lagerte eine Gesellschaft. Zwei Damen in langen weißen Kleidern und ein Mann. Adenauer wunderte sich über das Aussehen des Mannes, das so gar nicht zur Abendrobe der Damen passen wollte. Vielleicht ein Taxifahrer? Die Damen sahen nicht einheimisch aus, Adenauer hatte solche Wesen im Viru-Hotel gesehen. Und nicht nur gesehen ... Die Gesellschaft nahm von Adenauer keinerlei Notiz. Die Damen waren von ihrem nächtlichen Treiben offensichtlich erschöpft, der Mann im Gegensatz zu ihnen vollkommen entfesselt. Schwer atmend liebkoste er mal die eine, mal die andere, ließ die Hand unter Röcke gleiten, öffnete gleichzeitig Kleiderknöpfe.
Adenauer konnte nicht mehr: „Gibs ihnen, Bruder!" rief er. Der Mann mit der hellbraunen Ledermütze zuckte zusammen und

spähte unter dem Schirm wie eine Hyäne zu Adenauer hinüber. Adenauer winkte: „Kann ich euch Gesellschaft leisten? He, ich sehe doch ganz deutlich, daß hier noch Hand angelegt werden muß!" Die Ledermütze hob langsam den Kopf und sah ihm scharf in die Augen.
„Was für eine Hand?"
„Na die Partner-!"
Eine große, erdige Hand bewegte sich zitternd auf die Krücken zu, die neben dem Mann auf der Wiese lagen. Der Mann mit der scheußlichen Mütze kaute auf irgend etwas herum, schluckte es dann rasch herunter und meinte schließlich: „Geh und grab dir selber eine aus!" Suchte im Gras nach einer kleinen Schippe und warf sie Adenauer vor die Füße.

Der Glückstag

Natürlich waren das nicht die richtigen Namen des Mannes und der Frau. Man nannte sie nur so. Für gewöhnlich hieß es: „Guck, da geht der Aadam mit seiner Eeva." Dann wieder: „Da geht Eeva mit ihrem Aadam." Manchmal wurde auch gescherzt: „Guck mal, der alte Kõrboja mit seiner Mousi." Ein andermal setzte es Schelte: „Die Aasgeier sind schon wieder da!" So erscholl es aus den Fenstern, als sie die Müllbehälter nach Brauchbarem durchwühlten. Eeva flüsterte: „Mach dir nichts draus! Tu so, als würdest du sie nicht hören! Als wärst du taubstumm und würdest gar nichts verstehen!" Aadam lief jedesmal rot an und steckte den Kopf noch tiefer in die Mülltonne. Obwohl er so kaum atmen konnte, der Gestank war grauenvoll. Aadam biß in seinen Joppenkragen und atmete durch den Mund, so hielt sich der Brechreiz einigermaßen in Grenzen.
Aadam zerstampfte mit dem Stiefelhacken die Aluminiumbüchsen, das knirschte absonderlich auf dem schmutzigen Eis. Aadam tat es mit Wonne, eben weil es so schön unter dem kräftigen Absatz krachte. Büchsen gab es in allen Farben, und Aadam wußte, daß sich in jeder Büchse eine andere Flüssigkeit befunden hatte. Das Getränk, das am besten schmeckte, befand sich in den hellblauen Büchsen. Diese himmelsfarbenen Behältnisse waren auch äußerlich die hübschesten, so schlicht und klar gehalten. Aadam kippte jeden Büchsenrest in seine trockene Kehle, aber oft war kaum noch der Boden bedeckt, und der Tropfen wurde wie nichts von der schwammtrockenen Zunge aufgesaugt.
Eeva sortierte die feste Nahrung, Aadam oblag das Flüssige. Eeva eroberte als erste den Container, dann war Aadam an der Reihe. Aadam hatte schon mehrmals versucht, Eeva ein Schnippchen zu schlagen und erklärt, daß sie diesen Container doch gerade eben durchsucht habe. Er hoffte insgeheim, sich auf die Art das eine und andere Essensrestchen zu sichern. Für gewöhnlich bekam er daraufhin einen wütenden Fußtritt in die Leistengegend oder ans Knie, die Schläge kamen rasch, präzise und schmerzhaft – Eeva hatte zu Sowjetzeiten in einem Sonderbataillon der Miliz gedient und war in den einschlägigen

Kampfkünsten bewandert. In der nächtlichen Stadt hatte sie Aadam schon unzählige Male das Leben gerettet, und der Mann wußte das zu schätzen.
Aadam hatte ständig Hunger und Magenschmerzen. Von Übersäuerung geplagt, ging er ganz krumm und mußte ständig aufstoßen und erbrechen. Eeva suchte panisch nach Milchpackungen und Joghurtresten, und auf dem Markt ergatterte sie ohne größeren Aufwand ein paar rohe Kartoffeln. Gleich hinter dem Zaun vom Markt schnitt Eeva die Kartoffeln in hauchdünne Scheiben und zwang Aadam, sie zu essen. Die rohe Stärke brachte für ein oder zwei Stunden Linderung, dann begann alles von vorn.
Jetzt trug Aadam geschälte Kartoffeln in der Joppentasche und kaute sie wie Äpfel. Krachend zerstampfte er die nächste Bierbüchse – diese mit besonderem Vergnügen, denn sie hatte irgendwann alkoholfreies Bier enthalten. Aadam ging es nicht in den Kopf, wieso der Mensch alkoholfreies Bier brauchte. Nach Aadams Meinung war das die reinste Verschwendung. Überhaupt, alles hier auf der Welt war eine einzige gigantische Verschwendung – die Mülltonnen bezeugten es am deutlichsten, besser gesagt das, womit sie gefüllt waren.
Aadams Gedanken wurden von Eevas überraschtem Ausruf unterbrochen. Mit zitternden Beinen lief er auf Eeva zu. Eeva wischte gerade Fischinnereien von einer Zeitung und hob sie näher an die Augen. Dann packte sie Aadam lachend am Joppenkragen und schüttelte ihn durch: „Aadam! Es ist geschafft! Es hat sich gelohnt, so lange zu warten! Der Tag ist gekommen! Unser Glückstag ist da!" Eeva begann ungelenk zu tanzen, fuchtelte wie eine Besessene mit den Armen und kreischte mit schriller Stimme: „Jucheeeiii!" Aadam sah sie erschrocken an. So hatte er Eeva noch nie gesehen. Schüchtern berührte er den Jackenärmel der Frau: „Du, bitte, hör auf, tanz nicht, das sieht so schrecklich aus!" Eeva erwiederte: „Ach so?! Ach so ist das!" und streckte den Mann mit einem Fußtritt aufs Eis nieder. Dann war sie mit einem einzigen Satz auf Aadams Brust, und ohne Schwung zu holen, schlug sie dem Mann mit der Faust ins Gesicht. Die Schläge wurden von schneidendem Fluchen begleitet: „Ich tanze schrecklich! – Da, du verdammter Kretin! – Du schleimiger Widerling! – Leck mich am Arsch! – Jawohl! Leck! Leck! Leck die ganze Straße auf!"

Aadam wand sich, kam auf den Bauch zu liegen und begann gehorsam das schmutzige Eis zu lecken. Er spürte auf der Zunge den Chiningeschmack von Katzenpisse und kniff vor Ekel die Augen zu. Glücklicherweise hatte Eeva aufgehört zu schlagen. Aadam spürte, wie heiße Tropfen auf seinen haarigen Nacken fielen. Eeva weinte. Wie ein Riesenhuhn wischte sie ihre Nase an Aadams Joppe trocken, nahm dann die Zeitung erneut zur Hand, kramte aus ihrer Jackentasche einen bunten Lappen hervor und faltete ihn auseinander. Im Lappen befanden sich ein Rasiermesser und eine Brille mit gesprungenem Glas. Eeva setzte sich die Brille mit geübtem Schwung auf die Nase und begann konzentriert zu lesen. Aadam fragte vorsichtig: „Du? Kann ich jetzt aufstehen? Es ist so kalt." Eeva nickte gnädig, riß einen Artikel aus der Zeitung und schwenkte das Stück Papier hoch über dem Kopf: „Siehst du das, Aadam?" Der Mann krabbelte unter der Frau hervor, hauchte in die geröteten Hände und fragte ängstlich: „Was soll ich sehen?" Eeva hob den Zeigefinger zum Himmel und flüsterte feierlich: „Meine Gebete sind erhört worden. Heute ist unser Glückstag. Liebster, komm! Komm, große Taten warten auf uns! Wie haben heute viel vor, aber schreck nicht zurück, mach alles so, wie ich es dir sage. In einer Stunde ist alles vorbei. In nur einer Stunde haben wir ein warmes Zuhause, wieder richtiges Essen und trinken heißen Tee mit Zucker! Süßen-süßen Tee!"
Aadam dachte, Eeva sei verrückt geworden, ein für alle Mal. Üblicherweise redete Eeva nur dann wirres Zeug, wenn sie Hochprozentigen getrunken hatte. Aber heute hatten sie beide noch gar nichts getrunken. Allerdings, Eeva war eine ganze Zeitlang fort gewesen, vielleicht ... Manchmal warfen die Frauen nämlich zusammen mit den Abfällen auch die halbleeren Schnaps- und Whiskyflaschen ihrer Männer in den Müll – Eeva konnte so eine Glücksflasche gefunden haben ... Eeva aber zerrte Aadam am Ärmel, fuchtelte wie wild mit dem Rasiermesser und schrie: „Vorwärts! Auf unseren Schwertern blitzt die Siegessonne!" und rannte los, den Mann mit sich zerrend. Aadam versuchte ihr klarzumachen, daß die Plastiktüten mit dem zerstampften Aluminium bei den Mülltonnen stehengeblieben waren und daß sie sie unbedingt holen sollten, „Fast vierzig Kronen bares Geld!" Eeva stoppte urplötzlich, stand stramm, machte eine zackige Kehrtwendung und spuckte in hohem Bogen in Richtung der Mülltonnen. Sie befahl Aadam: „Und jetzt du! Sofort! Spuck!

Das war das letzte Mal, daß wir im Müll anderer Leute gewühlt haben!" Sie senkte die Stimme: „Wir werden Engel!"
Also spuckte Aadam in Richtung der Mülltonnen. Eeva gab sich nicht zufrieden und schüttelte Aadam durch: „Nicht so schlaff! Rücken gerade! Los! Spuck verächtlicher!" Aadam schniefte kurz, aber tat wie befohlen. Eeva beruhigte sich und murmelte: „Jetzt müssen wir nur genau hinsehen ... wo ist der Wald ... und wo ist das Meer. Vorwärts!" Sie rannte wieder los. Plötzlich kommandierte sie: „Stop!!!" und bremste so jäh, daß Aadam lang hinschlug. Er konnte den Sturz nicht mehr abfangen und brach sich, als er mit dem Gesicht auf dem Eis aufschlug, das Nasenbein. Aadam drückte sich eine Handvoll Schnee auf die Nase und wimmerte: „Meine Nase, oh, meine Nase ... " Eeva knirschte mit den Zähnen und schaute sich um wie ein Leitwolf, der nach möglichen Gefahren wittert. „Still! Sei doch endlich mal still, du Tolpatsch! Hab Geduld, nur ein bißchen, nur noch sooo ein kleines bißchen!" – Eeva zeigte mit Daumen und Zeigefinger den Abstand, der das Leid vom Glück trennte. Dann packte sie Aadam an den Nackenhaaren, drehte seinen Kopf zu sich, lächelte seltsam und nickte.

Aadam sah, wie ein Mann im Kamelhaarmantel zum Auto ging, den Kofferraum öffnete und einen schweren Koffer ins Auto hievte. Die Haustür knallte, und eine blonde Frau mit einer ungefähr siebenjährigen Tochter kam zum Auto getrippelt. Der Mann öffnete lächelnd und laut redend die linke hintere Autotür. Die Marke kannte Aadam nicht, aber das Auto sah vornehm aus und glänzte, und auf der Motorhaube setzte ein katzenähnliches Tier zum Sprung an. Mehr konnte Aadam nicht sehen, denn schon stieß Eeva ihn in den Rücken und war selber mit wenigen Sätzen beim Auto. Sie riß das Rasiermesser auf, es blitzte kurz in der Sonne, und öffnete die Kehle des Mannes. Der Mann röchelte und glitt zu Boden, Blut schoß auf den Kamelhaarmantel, gegen das Autofenster und aufs Straßenpflaster. Eeva schrie: „Aadam, der Ziegelstein! Schlag zu! Hier – der!" und drückte Aadam einen halben Ziegelstein in die Hand. Aadam bemerkte, daß die Bruchstelle scharf war wie eine Axt. Eeva kreischte: „Schlag die Alte nieder, schlag sie doch nieder!" Aadam hob den Ziegelstein hoch und ließ ihn auf den Kopf der blonden Frau niedersausen. Etwas knackte dumpf, und die Frau im Pelzmantel fiel wie vom Blitz getroffen auf die Straße. Eeva streckte

70

die Hand in Richtung des Mädchens aus, das Kind schaute sie mit großen Augen an. Solche Augen hatte Aadam schon früher gesehen, genau solche großen, feuchten Augen, ganz sicher war das – „Bambi! Das ist doch ein Bambi!" Eeva beugte sich nieder zum Kind: „Fang an zu schreien! Schrei! Aadam, du auch! Wir müssen alle schreien! Hiiiiilfeeee! Polizei! Hilfe! Mörder!"
Eeva lächelte, als das erste Auto mit Blaulicht um die Ecke gebogen kam. So hatte Aadam Eeva noch nie gesehen – sie wirkte glücklich und zitterte nicht mehr. Eeva band ihre graumelierten Haare unter dem Kopftuch zusammen und streckte die Hand mit dem blutigen Rasiermesser vor. Ein Polizeioffizier kam auf sie zugerannt und zog im Laufen die Pistole. Aadam starrte entgeistert auf den halben Ziegel, den er noch immer in der Hand hielt. Eeva rief: „Halte ihn hoch wie eine Fahne! Das ist der Beweis, Liebster! Das ist die Eintrittskarte, das ist der Schlüssel, du wirst sehen! In Estland ist die Todesstrafe abgeschafft, ich habe es selber gelesen! In der Zeitung, vorhin! Wir kriegen lebenslänglich! Jeden Tag richtiges Essen! Wir schlafen in einer warmen Kammer! Im eigenen Bett! Wir haben Decken und Laken, schöne weiße saubere Laken!
Aadam flüsterte: „Was sind Laken, Mutter?"

Die Tanne des Generals

Das fettbespritzte Kalenderblatt besagte, daß der letzte Morgen des Jahres 2001 angebrochen war. Der grobschlächtige General a.D. gähnte und kratzte sich den mit langen weißgrauen Haaren bedeckten Bauch. Die Gasflamme puffte. Er stellte den Wasserkessel aufs Feuer und streute Teekrümel in den Henkeltopf. „Hick!" Der General spuckte bläselnden Magensaft in den Ausguß und horchte.
Aus dem Schlafzimmer drang bellender Husten. Verdammt noch eins, mußten die Zwillingsbälger ausgerechnet jetzt, zum Neujahrsfest, krank werden! Hieß das etwa, man hatte ihm eine Strafe auf den Hals geschickt, oder was! In drei Teufels Namen, wenn die mich hätten bestrafen wollen, dann hätten sie das schon Anfang der Neunziger gemacht! „Blödsinn!" Die Rente aus Moskau kam regelmäßig, auch die Engländer und die Deutschen waren zuverlässig, die Überweisungen klappten wie am Schnürchen. Das Leben ist genau wie damals, nur die Fahne auf dem Langen Hermann sieht anders aus. „Ja", der General nickte. Er goß ein Schlückchen Tee auf die Untertasse und schlürfte es auf.
Die Enkelkinder Alev und Olev waren schon länger als eine Woche in der Lomonossow-Straße. „In der Gonsiori", äffte der General und spuckte. Sohn Alexei und Schwiegertochter richteten gerade ihr neues Domizil in Paris ein, dem Sohn war ein guter Posten in der Botschaft angeboten worden.
Anfissas Pantoffeln schlappten übers Linoleum, und einen Augenblick später erschien die Frau selber, ein Stück Papier in der einen und einen Bleistift in der anderen Hand. „Oiaiaaa—", gähnte Anfissa, ließ sich auf den Hocker fallen und diktierte auf russisch: „Schreib. Blutwurst ... drei Kilo."
Der Bleistift schabte. Der General schlürfte von seinem Tee, fluchte leise und zündete sich eine Papirossa an.
Anfissa spähte auf den Zettel und forschte: „Aufgeschrieben? Drei Kilo? So. Dann Brot. Zwei Weißbrote und gepökelten Speck. Schmeckt gut zu den Würsten. Vom Speck nimm aber bloß ein Pfund, das reicht allemal, guck dir deinen Bauch an, wenn du's

nicht glaubst. Sauerkohl! Frag nach dem vom Leesika-Hof, die Alte verkauft ihn selber. Nimm auch ein Glas Preiselbeeren. Kümmel müßte ich noch haben..."
„Soll ich jetzt Kümmel auch aufschreiben, oder was!" fuhr der General sie an.
„Wieso! Ich hab doch gesagt, ich habe Kümmel! – Guck mal, wie schön die Sülze geliert ist", erklärte Anfissa zufrieden und leckte sich den fettigen Zeigefinger ab. „War doch gut, daß wir Spitzbein dazugetan haben. Das gibt das richtige Gallert. Vom Dickbein allein wird das nichts."
Der General sah ungeduldig auf die Uhr. Die Funkuhr am haarlosen Handgelenk zeigte kurz vor halb sieben. Der General spülte den Teetopf mit kaltem Wasser aus und hängte ihn mit dem Henkel an den Nagel – so brauchte er ihn nicht abzutrocknen. Sehr bequem.
Anfissa hob die Stimme: „Und das allerwichtigste. Die Tanne. Die Neujahrstanne sollte dies Jahr ruhig bis zur Decke reichen. Oder? Meinst du nicht? Haben die kranken Kinder schön was zu gucken", Anfissa wischte sich die Augen und schob sich ein paar Zuckerstücke in die welke Wange, „zum Trost. Oder – nicht? Was?"
Der General fuhr in seine Schaftstiefel und ächzte: „Wenn du meinst. Mußt nicht alles hundertmal sagen."
„Vom Markt wirst du so eine nicht kriegen, da mußt du schon in den Wald", meinte Anfissa, nahm eine Milch aus dem Kühlschrank und mahnte: „Vergiß den Zettel nicht, steck ihn in die Hosentasche zum Schlüsselbund."
Der General drückte sich das Persianerschiffchen auf den Kopf und knurrte: „Beim Fernsehturm standen mal junge Tannen, da hol ich eine."
„Na bitte, wer sagts denn."
Durch die Wand drang Olevs trockener Husten, der mit einem leisen Stöhnen endete. Alev schlief offenbar. Alev war, auch wenn er gesund war, das ruhigere der beiden Kinder, lag ganze Tage auf dem Sofa und befingerte einen kleinen elastischen Ball. Aber nun begann auch er mit Olev um die Wette zu husten.
Anfissa breitete die Hände aus: „Hilft alles nichts. Ich mache ihnen heiße Milch. Mit Soda."

Der General ließ das Auto an und fuhr auf den Markt. Trotz der Minusgrade wurde ihm in dem lärmenden Menschengewühl heiß. Er knöpfte den Pelz auf, schaute auf seinen Zettel und erledigte rasch die Einkäufe. Zusätzlich nahm er ein großes Netz Mandarinen und eines mit Zwiebeln. Kaufte auch eine flache Schachtel Geleepralinen und Käsekuchen. Zum Schluß ließ er eine Dose portugiesischer Sardinen in die Tasche gleiten und griente. Vor Jahren hatte er die im internen Geschäft des Zentralkomitees der Kommunistischen Partei zu kaufen bekommen. „Tja, mein lieber Arnold, aber den indischen Mangosaft, den sie damals in deinem Schloß auf dem Domberg verkauft haben, den gibt's in deiner neuen Republik nicht", dachte er schadenfroh.

Der General stand zwischen den Tannen, die Axt in der Hand, und untersuchte jeden Baum einzeln. „Vielleicht der ... nein, zu dürr ... oder der?" Er klopfte mit der Axthaube an einen Stamm und wischte den Schnee von den Zweigen. Alle hatten sie irgendeinen Fehler, war ja auch kein Wunder, nun steh mal hier im Morgengrauen und versuch ...
Der General spuckte aus und entschied sich. Die Axt blitzte, und nach wenigen scharfen Hieben lag der Baum am Boden. Der General wischte sich den Schweiß und horchte.
Es schien, als habe jemand aufgeschrien. Unmittelbar neben ihm. Das brennende Streichholz fiel in den Schnee und verlöschte zischend. In der Schneewehe, da, wo die Tanne hätte liegen müssen, wand sich ein etwa zehnjähriges Mädchen mit blutigen Beinstümpfen. Das fadenscheinige Mäntelchen, das löchrige wollene Tuch und ... die schrecklichen blutigen Stümpfe – der zu Tode erschrockene General glaubte an den durchtrennten Beinen bläuliche Knochen und weiße gekräuselte Nervenenden zu sehen!

Der stinkende Rum brachte den General wieder zu Bewußtsein. Er öffnete verdattert die Augen und sah einen unrasierten jungen Mann, der verschlagen grinste und fragte: „Na, Alter, bist wohl 's erste Mal an 'ner Tanne, was?"
Der General bekam kein Wort aus dem Mund.
Der Kerl stieß mit dem Fuß gegen die blutigen Knöchel des in der Schneewehe liegenden Mädchens: „Das ist doch nichts weiter! Das

ist immer so. Allen geht's so. Das Luder will einfach nur starr werden! In ein paar Minuten ist sie wieder eine Tanne, und was für eine!" Er hockte sich hin, befühlte den Leichnam hier und da, schließlich flüsterte er: „Guck doch selber, die wird wieder! Nadeln und alles ... Da, siehst du, alles wieder in Ordnung!"
Der Säufer stöpselte die Rumflasche zu und stopfte sie in die Jackentasche. Fixierte den General aus zusammengekniffenen Augen und bellte: „Jetzt sei kein Waschweib! Steh nicht rum, nimm deine Tanne, und ab marsch! Jetzt hast du sie, das neue Jahr kann kommen!"
Der General schüttelte sachte den Kopf und flüsterte: „Ja. Jaja."

DIE STINKENDEN HANDSCHUHE DES CHEFS

Das Interview

Punkt acht Uhr früh stehe ich vor der weiß emaillierten Metallplatte und drücke auf den bronzenen Klingelknopf. Das rote Lämpchen blinkt, wenig später hört man ein metallenes Klicken, und Hilda Theresia Liotard (94) persönlich öffnet die massive Tür. Schweigend geleitet sie mich in den dämmrigen Raum. Die zierliche alte Dame nimmt auf einem knarrenden hölzernen Stuhl Platz, während sie mich auf das mit meeresgrünem Samt bezogene Kanapee verweist. Der kleine Salon, voller Nippes, strotzt von Erinnerungen und Begegnungen, von denen ein gewöhnlicher Sterblicher kaum zu träumen wagt. Aus den Fenstern eröffnet sich ein wunderbarer Ausblick auf die Tallinner Altstadt, der Turm der Heiliggeistkirche scheint zum Greifen nah, aber das Bild ist ein wenig verzerrt, es wirkt wie eine Unterwasseraufnahme. Ich plaziere mein Diktiergerät und schalte es ein. Zu meiner Überraschung bedient sich Frau Liotard eines ebensolchen und meint: „Sie haben doch Verständnis dafür, daß ich unsere Unterhaltung aufzeichne." Der farbige Butler kontrolliert mein Diktiergerät, auch der Fotoapparat interessiert ihn. Alles geschieht in vollkommenem Schweigen, der Mann bewegt sich lautlos wie ein Puma und duftet stark nach Zitrone und Muskat, als habe er gerade auf einem Berg fernöstlicher Köstlichkeiten geruht. Überzeugt, daß alles seine Ordnung hat, verbeugt er sich vor Frau Liotard, die ihm noch rasch ein paar Anweisungen auf Französisch erteilt. Jetzt sind wir zu zweit – wenn man die Rassekatze außer Acht läßt, die ich im Dämmerlicht für eine Skulptur gehalten hatte. Meines Wissens gibt es in Estland nur vereinzelte Exemplare dieser Sphynx, einer fast unbehaarten Katzenrasse. „Mein Mann konnte Yousuf nicht ausstehen", weist die alte Dame in Richtung des Tieres. „Er sprach ihn stets mit 'Balg' an! Und Yousuf seinerseits ignorierte ihn. Mich vergöttert er, aber Sie sollten ihn besser nicht anfassen. Er ist so unruhig, weil er das Parfüm meines Dieners nicht mag." Ich nicke und verspreche, daß ich das Tier nicht anrühren werde. Die alte Dame fährt fort: „Abdullah ist ein ausgesprochen gehorsamer und umsichtiger Diener, nur glaubt er, sich übermäßig parfümieren zu müssen. Er begreift leider nicht, daß der angenehmste Duft der von frischem Wasser ist, der reine Duft eines mit Seife gewaschenen Körpers." Sie schaut mich aufmerksam an. Ich fühle mich unsicher und weiß nicht, was ich darauf erwidern soll. Die Dame birgt ihr Gesicht in den Händen und lacht. „Aber Sie sind wohl kaum zu mir gekommen, um sich anzuhören, wie mein schwarzer Diener sich parfümiert." Abdullah tritt erneut ein, auf einem Tablett kredenzt er diverse Schälchen mit Gebäck, zwei Kristallgläser und eine Karaffe. Die haarlose Katze wirft ihm einen verächtlichen Blick zu und beginnt sich demonstrativ zu lecken. Rasch und präzise deckt Abdullah den Tisch und geht, noch leiser, als er gekommen ist. „Frau Liotard, Sie sind in Basel geboren, haben an verschiedenen Orten der Welt gelebt, was hat Sie bewogen, nach Estland zu kommen, nach Tallinn?" – „Ich mag Städte, die am Meer liegen. Ich bin jetzt zum zweiten Mal in Ihrem schönen Land und habe vor, den Rest meines Lebens hier zu verbringen. Ich habe mich noch nicht entschieden, ob ich in Tallinn bleiben werde oder nach Tartu gehe, denn mit beiden Städten habe ich etwas vor. Das erste Mal war ich 1942 in Tallinn, ich blieb zweieinhalb Jahre und lernte dabei estnisch. Hier in der Nähe, in der Lai-Straße, befand sich mein Studio für Pastellmalerei „Liotard", ich glaube, die Älteren erinnern sich noch daran. Ich hatte fünf höchst begabte Schüler, die ich in einem Wettbewerb ausgewählt hatte, nach ihren vorgelegten Arbeiten. Insgesamt trafen über hundert Bewerbungen ein, aber mein Sieb war sehr dicht." – „Was ist aus ihnen geworden?" – „Vier sind mit ihren Eltern umgekommen, damals, als diese schreckliche Flucht einsetzte, im September 1944. Auf einen winzigen Kutter hatte man einen Flugzeugmotor montiert, und durch die Überlastung sank das kleine Schiff, kaum daß man sich aus dem Hafen von Dirham auf den Weg begeben hatte. Meine jüngste Schülerin aber, mit Vornamen hieß sie Liina, an ihren Geburtsnamen erinnere ich mich nicht, schlug sich mit ihren Eltern nach Deutschland durch. Ich traf Liina Oliviera Ende der Sechziger in Los Angeles. Sie kam zur Vernissage meiner Jubiläumsausstellung, sie hatte in der Zeitschrift „Art in America" die Offerte gelesen. Sie lebt in Argentinien und ist in ihrer Heimatstadt eine namhafte Künstlerin. Die großen Wand- und Deckenfresken des Teatro Municipale in Buenos Aires stammen von ihr." Frau Liotard zieht die Schultern hoch: „Ist

Ihnen auch kühl?" Sie nimmt ein Perlmuttkästchen zur Hand und drückt auf den Knopf. Unverzüglich erscheint Abdullah und macht sich am Kamin zu schaffen. Die Katze vollführt einen hohen Satz und landet auf dem Schoß der alten Dame. Die jedoch fährt ungerührt fort: „In Estland stößt man zunächst schon auf einige Unannehmlichkeiten. Zum Beispiel fehlt es an Rotholz und Zimtbaumzweigen. Zimtrinde hingegen gibt es, aber leider meist zu Pulver zermahlen. Ich liebe ein mit Zimtzweigen unterlegtes Rotholzfeuer, seinen göttlichen Duft, und es brennt mit einer so schmerzlichen Flamme und spendet dabei eine ganz besondere Wärme. Ich glaube, so glüht und duftet das Schwert des Erzengels, wenn er eines Tages kommen wird, um uns zu strafen." Die Dame hält inne und verfolgt, wie Abdullah mit einem langen Streichholz zunächst den Papyrus entzündet, daraufhin fangen die Zimtzweige mit einem leisen Knacken Feuer. Im Zimmer verbreitet sich ein erstaunlich angenehmer Duft. Abdullah kontrolliert den Abzug und entfernt sich. Die Dame schaut mich an, berührt ihr Ohrläppchen und fragt: „Mögen Sie es auch – im Herbst am Kamin sitzen, sich an alte Zeiten erinnern, oder auch nur träumen?" Ich nicke: „ Sehr sogar! Glauben Sie mir, ich würde es jeden Tag tun, aber leider habe ich keinen Kamin. Woher haben Sie das seltene Heizmaterial?" Die Dame seufzt: „Ich habe in Sri Lanka eine größere Menge bestellt und die Container mit einem Privatjet nach Tallinn bringen lassen. Eine der Tragluft-hallen hier in Lasnamäe ist mit meinem Kaminholz gefüllt, Abdullah holt es mit dem Auto, im Kofferraum, das ist zwar umständlich, aber machbar. Einen Keller habe ich momentan nicht, die Räume sind durch ein Restaurant belegt, die schrecklichen Koch- und Bratgerüche dringen manchmal bis zu mir nach oben. Ich werde diese Speisehölle kaufen und liquidieren und statt dessen ein Käselabor einrichten. In Estland ist doch kein ordentlicher Käse zu haben, nur ganz wenige Geschäfte bieten echten Roquefort an. Hier, probieren Sie einmal – " Sie reicht mir eine offenbar handgefertigte Schachtel aus Birnbaum mit der Aufschrift „Blue Liotard Exclusive" in erhabenen Goldbuchstaben und fügt hinzu: „Der wird auf meinem Gut in der Normandie in limitierter Menge produziert, jedes Jahr nur 30,3 Kilogramm, die Schachteln aus Birnbaum sind numeriert und signiert. Ich glaube, mein Käse ist unter den Käsesorten das, was der Koh-i-Noor unter den Brillianten ist!" Die alte Dame ist in

Schwung. Ich beschließe keine Fragen mehr zu stellen, sondern nur noch zuzuhören. „Schauen Sie, die Fensterscheiben, das ist venezianisches Glas aus dem Jahre 1209, ich habe sie aus meinem Palais vom Canale Grande bringen lassen, es ist doch ein ganz entzückender Effekt, nicht wahr? Der Blick durch die rosa Brille, habe ich recht? Aber jetzt – schauen Sie aus dem Fenster! Mich stört ungemein, daß ich immer nur diese Kirche sehe und die vielen Dächer und Schornsteine. Ich habe einen Plan, den ich so rasch als möglich umsetzen will." Frau Liotard nimmt eine grüne Ledermappe zur Hand, blättert in den Papieren und sucht einen vergrößerten Ausschnitt aus dem Stadtplan heraus. „Schauen Sie, es ist ganz einfach: ich werde, beginnend am Rathausplatz, bis zum Meer die gesamte Bebauung abreißen. Dann habe ich aus meinen Fenstern endlich den Blick, der dieser Lage gebührt. Freilich muß auch der Hafen verschwinden, denn die abscheulichen Kräne sind so industriell, daß ich allein vom Gedanken daran Migräne bekomme. Und da mir die Landschaft von Saaremaa so ans Herz gewachsen ist, habe ich vor, Wacholder anpflanzen zu lassen und große Felssteine heranzuschaffen, dann wird das ein reizender Platz für Johannifeuer oder auch nur zum Spazierengehen. Ich werde in dieses Projekt mehr als sieben Milliarden Schweizer Franken investieren. Ich möchte meine Idee zu einer Volksabstimmung geben. Wenn die Abstimmung positiv verläuft, dann zahle ich jedem Einwohner Estlands eine Kompensation. Schauen Sie, diese Tabelle. Hier steht, daß jeder Rentner von mir eine Zusatzrente von circa achttausenddreihundert Estnischen Kronen im Monat bekäme, bis an sein Lebensende, außerdem würde ich Rentner von den Stromkosten befreien. Und hier, ein anderes Beispiel: Das Mindestgehalt eines Arztes oder Lehreres hat meiner Meinung nach zwölftausend Kronen zu betragen, vielleicht sogar mehr. Ich habe mit meinen Mitarbeitern einen detaillierten Finanzplan aufgestellt, alles auf Heller und Pfennig festgeschrieben. Um dieses Projekt zu realisieren scheue ich weder Zeit noch Geld. Zeit ist mir leider nur noch wenig geblieben, ich bin schon in dem Alter, da jeder Morgen und jeder neue Tag wie ein Geschenk Gottes anmutet. Carpe diem! Was das Geld anbetrifft, davon habe ich reichlich, in jeder Minute vergrößert sich mein Eigentum um 1,6 Millionen Franken. Mein zweiter Ehemann war ein kluger Investor, und die Zeit arbeitet sowohl in Johannesburg als auch in Tokio, Washington, London, Zürich und Tel Aviv für uns. Ich nehme das Projekt „Begegnung mit dem Meer" sehr ernst, es wird mein letztes Kunstwerk sein, zugleich ein reales Geschehnis, eine signifikante Spur in der estnischen Kulturgeschichte." Die Dame holt mehrmals tief Luft. Aus irgendeinem Grunde schaue ich auf die Uhr, dann frage ich: „Wann werden Sie mit den Abrißarbeiten beginnen?" – „Sobald die Ergebnisse der Volksabstimmung vorliegen. Ich glaube, daß die Stadtverwaltung sich für Ende November entscheiden wird. Seltsamerweise spüre ich noch die Ablehnung des einen und anderen Beamten, aber im allgemeinen wird mein Projekt befürwortet. Ich habe ja für die Stadt Tallinn noch ein ganz spezielles Geschenk – eine Woche vor Weihnachten werden aus England fünfunddreißig nagelneue „City Stars" geliefert, das sind außerordentlich bequeme Busse. Zwar wird eine Fahrt mit dem neuen Linienbus ein wenig mehr kosten, sechs Kronen, aber im Preis inbegriffen ist auch eine Tasse Kaffee, schwarz oder komplett, sowie ein Brötchen mit Räucherlachs. Ich habe noch andere Geschenke geplant, aber was soll ich sie jetzt schon verraten, mag das eine und andere zunächst noch mein Geheimnis bleiben." Die alte Dame schmunzelt fein, dann wird sie wieder sachlich: „So steht es um Tallinn. In Tartu bin ich zweimal gewesen, zuletzt zum Theaterjubiläum. Ich konsultierte die Leitung des Vanemuine-Theaters zwecks Sanierung des Hauses. Als zweites Objekt liegt mir die wunderbare Johannikirche am Herzen, die unverzüglich in Ordnung gebracht werden muß. Der Betrag dafür ist bereitgestellt. Und ich halte Wort, ich habe immer Wort gehalten. Aber Vorrang hat „Die Begegnung mit dem Meer", dann kommt alles andere." Die Dame schluckt und entnimmt einer Porzellandose eine dünne schwarze Zigarre. Sie zündet sie an der Kerzenflamme an, lehnt sich zurück und genießt. Die Hand mit der Zigarre beschreibt einen Bogen, und Frau Liotard fährt, in eine Rauchwolke gehüllt, fort: „Ich bestelle sie aus Kuba. Bei Palmira gibt es eine kleine Farm, dort werden sie von jungen Männern gefertigt. Glauben Sie mir, der Anblick dieser sehnigen schweißnassen Körper in der glühenden Sonne – das ist einfach atemberaubend. Und dann noch einige Tropfen Rum und ein paar Kristalle Rohrzucker – ein pikanteres Aroma kann man sich nicht wünschen!" Frau Liotard schnuppert an der Zigarre und zwinkert mir zu. Der Stuhl unter ihr knarrt bei jeder Bewegung. Sie fängt meinen Blick auf: „Die Ägyptologen sind der Auffassung, daß sich dieser Stuhl im Kairoer Museum befindet, aber da steht nur die Kopie. Mein hübsches kleines Sitzmöbel gehörte dem Sohn Tut-ench-Amuns, in den Katalogen findet sich wohlweislich kein Preis dafür. Auch glauben alle, daß sich das Gemälde „Madame d`Epinay", das Schokoladenmädchen, im Museum Rath in Genf befindet, aber auch das ist nicht wahr, das Original hängt bei mir in der Küche. Wenn ich es mir morgens anschaue, bekomme ich Schwung und gute Laune für den ganzen Tag! Ich liebe Unikate, ich genieße sie mit Körper und Seele, ich brauche sie wie die Luft zum Atmen. Sie tragen mich fort, in vergangene Zeiträume, es ist, als würde ich mich wieder mit Menschen treffen, die längst nicht mehr unter den Lebenden weilen. Aber auf diese Art leben sie in mir weiter, so lange, bis ich mich vom irdischen Leben verabschieden muß und vieles mit ins Grab nehmen werde. Ich schreibe gerade an meinen Memoiren, ich bin beim Jahr 1941, und nach meinem Zeitgefühl ist es wieder jener 7. Dezember morgens, ich bin mit meinem damaligen Ehemann in Pearl Harbor, und aus dem Morgennebel tauchen die japanischen Flugzeuge auf ... Gleichzeitig aber sitze ich auf Tut-ench-Amuns Stuhl und paradiere in einem winzigen Staat mit meinem Geld. Das Leben ist seltsam, schmerzlich und wunderbar zugleich. Wie schade, daß es für mich bald zu Ende geht, ja, der Winter ist im Kommen ... O Gott, schauen Sie doch nur!" Ich schaue – und traue meinen Augen nicht: aus dem Zimtreisig krabbelt eine feiste Ratte hervor und huscht hinter den Gobelin, der die Tür zum Nebenraum verdeckt. Ich schaue zur Katze hinüber, aber die bewegt kein Härchen, so tief ist sie in ihre Träume versunken. Die Dame winkt ab: „Mein zweiter Gatte hat immer gesagt, eine Ratte bleibt eine Ratte, aber ein Mensch kann mit gutem Willen göttlich werden. Ja, er muß nur wollen! Und glauben Sie mir, ich bin von Gott berührt worden. Ich bin wahrscheinlich einer der glücklichsten Menschen auf dieser Erde. Ich habe das wunderbare Gefühl, daß Ihr kleiner Staat genau das Stückchen Land ist, wo der Verfolgte Unterschlupf findet – so er gute Vorsätze hat. Mich verfolgen meine gelebten Jahre und Erinnerungen, gleichzeitig fühle ich, daß mir das ganze Leben noch bevorsteht ..." Die Funkuhr beginnt zu summen, und Abdullah ist mit einem Satz neben mir. Ich schalte das Diktiergerät aus und bedanke mich. Die alte Dame nickt mir zum Abschied zu, erhebt sich und geleitet mich an die Tür. Dann sagt sie lächelnd: „Kommen Sie wieder vorbei, wenn Sie Zeit und Lust dazu haben." Die schwere Tür schließt sich mit einem leisen Klicken hinter mir. Ich weiß, daß ich wiederkommen werde. Auch dann, wenn ich keine Zeit und Lust dazu habe.

Die stinkenden Handschuhe des Chefs

Helmut Taagepera weinte. Je heftiger er sich die Augen wischte, desto reichlicher flossen die Tränen. Helmut schleuderte das Messer auf den Tisch und lief zum Wasserhahn. Die Ventilatoren unter der speckigen Decke drehten sich träge, blieben hin und wieder mit einem leisen Knacken stehen und setzten sich dann wieder in Bewegung. Sie erinnerten Helmut an Schmeißfliegen, die sich zu lange an einer Bierlache gelabt hatten.
Eine Hand klatschte schmerzhaft gegen Helmuts Hüftknochen. Das feiste Gesicht der Tellerwäscherin Tamara, gerahmt in fettige Haarsträhnen, tauchte auf, und ihr Mundwerk legte sogleich los: „Was, in drei Teufels Namen, flennst du hier schon wieder herum! Kannst du dein sinnloses Geheule nicht woanders veranstalten, du dämlicher alter Trottel, zum Verrücktwerden ist das mit dir!"
Helmut preßte die Lippen zusammen und zog sich schleichenden Schrittes zurück, Tamara fest im Auge behaltend. Die Sache konnte prekär enden, denn Tamara, die Glibberwasser-Tamara, wie sie in Viitna gerufen wurde, litt an der Fallsucht. Gut daran war nur, daß sie die Ausbrüche im Voraus spürte und Sekunden vor dem Fall durchdringend zu kreischen begann: „Es kommt! Jetzt kommt es! Verfluchter Scheiß, jetzt kommt es wieder!" Mehrmals schon hatte Helmut Tamara die Kiefer gewaltsam öffnen und ihr einen Holzlöffel oder einen Messergriff zwischen die Zähne stecken müssen.
Helmut zog die Schultern hoch, das waren keine angenehmen Erinnerungen. Er ging daran, die Fischkiste auszupacken. Der Chef war in aller Herrgottsfrühe zur Fischauktion nach Võsu gefahren, und jetzt knackten und knisterten die in Nesseln verpackten Flußkrebse und Krabben in dem Deckelkorb, die Austern lagen hübsch ordentlich auf Eis und die Forellen in Filterpapier. Helmut konnte Flußkrebse nicht ausstehen, er hatte irgendwann einen Floh unter dem Mikroskop gesehen und fand, daß Krebse nichts anderes waren, als Flöhe mit riesengroßen Fühlern. Das Wasser kochte bereits. Helmut schüttete die Krebse in den Kessel und flüsterte: „Schadt´ euch gar nichts, elende Blutsauger!" Gekochte Krebse haßte er regel-

recht, denn er stellte sich vor, daß die Krebse von dem vielen Blut, das sie gesaugt hatten, so rot anliefen. Er warf ein paar Stengel Dill in den Kessel und flüsterte: „Pfui! Ekelhaft!", betrachtete die kochenden Krebse ein wenig länger und setzte mitleidig hinzu: „Arme Mistviehcher!" Dann begann er die Forellen zu putzen. Kaum hatte er den ersten Fisch in der Hand, schrie er auf. Der verfluchte Chef! Wieder hatte er seine Handschuhe in der Fischkiste liegenlassen! Das war wie eine Krankheit, wie eine Sucht, überall ließ er seine dreckigen Handschuhe liegen: in der Fischkiste, auf dem Tisch, am Rand des Abwaschbeckens, auf dem Autodach, auf der Motorhaube, auf dem Tresen, der Treppe, der Klobrille, dem Fensterbrett, sogar auf dem Herd und dem Drücker vom Spülkasten. „Teufel!"

Helmut warf die Forelle aus der Hand, nahm langsam die Handschuhe aus der Kiste und legte sie vor sich auf den Tisch: weißes Sämischleder. Messingdruckknöpfe. Der Druckknopf des linken Handschuhs von Grünspan verdorben. In die Druckknöpfe graviert die Inschriften „Nappa" und „Germany" und die Größe 7 1/2. Die Naht am Daumen des rechten Handschuhs aufgeplatzt, der Faden hängt lose. Beide Handflächen stark verschmutzt. Reichlich Fischschuppen. Helmut roch: Bitumen, Fluß, Zitrone, See, Benzin, Meer, Pfefferminze, Nikotin, Sonnencreme, Urin, Druckerschwärze, Salz, Wegstaub, Ketchup, Steinkohle.

Es gab noch mehr Düfte, aber Helmuts Gedanken gingen bereits ihre eigenen Wege. Er walkte die Handschuhe in seinen Händen durch und schaute hinüber zum Herd. Sein erster Gedanke war, sie ins Feuer zu werfen und hinterher zu behaupten, er wisse von nichts. Aber das war ein abwegiger Gedanke, das durfte er nicht tun. Er, Helmut Taagepera, hatte schließlich geschworen, daß ... Warte, wo war doch gleich der Kalender? Helmut legte die Handschuhe auf den Tisch und dachte nach, dann spähte er in Richtung Tamara, die am Abwaschbecken hantierte und mit Geschirr klapperte. Die Frau stellte keine Gefahr dar. „Es ist soweit! Ich tue es!" flüsterte Helmut.

Helmut hatte seinen ersten Arbeitstag im „Goldenen Krebs" nicht vergessen. Der Chef saß im großen Saal, ein Bein übers andere geschlagen, und ebendiese Handschuhe stanken auf der Tischecke neben dem Aschenbecher vor sich hin. Der Chef schnippte die Asche auf den Fußboden und fragte: „Wie alt bist du, Koch?" Helmut wurde rot bis an die Haarwurzeln und stammelte: „Einundneunzig." Der Chef spuckte durch die Zähne: „Zu alt, Koch! Zu alt!" Helmut schwieg. Es hatte keinen Sinn zu erklären, daß es nicht an dem war. Der Chef schlürfte von seiner klumpigen, wäßrigen sauren Milch, räusperte sich und fragte: „Was kannst du, Koch?" Helmut Taagepera betrachtete die Handschuhe auf der Tischecke und flüsterte: „Essen machen." Der Chef rief: „Ich höre nichts, ich höre gar nichts!" Helmut beugte sich näher und brüllte: „Mahlzeiten bereiten!" Den Chef stellte die Antwort nicht zufrieden. „Das können alle. Kannst du im großen Kessel, sagen wir, für hundert Personen Krebspürree bereiten? Oder, zum Beispiel, für sechzig Personen Hecht auf Zarenart?" Helmut teilte ihm mit, daß er das sehr wohl könne, erklärte, wie er es zubereiten und in welcher Reihenfolge er die Gewürze hinzufügen würde. Als er beim marinierten Ingwer angekommen war, unterbrach ihn der Chef und reichte ihm zum Zeichen des Vertrags die Hand. Helmut drückte eine Hand, die voll Wasser zu sein schien, und sein Blick blieb auf den Handschuhen haften. Diese Handschuhe brachten ihn zur Weißglut, ihre Energie war falsch. Vollkommen falsch! Und genau in diesem Augenblick tat Helmut einen Schwur: „Hundert Tage. Und dann ißt dieser Mann seine Handschuhe auf. Essen wird er sie und in höchsten Tönen loben!"

Helmut wischte sich die Erinnerung aus den Augen und nickte: „Die hundert Tage sind um." Er packte sein Lieblingsmesser, einen siebzig Zentimeter langen meatmaster, riß sich ein Haar aus dem Zopf und ließ es auf die Klinge fallen. Das graue Haar zerfiel lautlos in zwei Teile. Helmut schluckte, griff nach dem Speiseplan und begann ihn zu studieren. Die Liste der Speisen stellte der Chef jeden Morgen eigenhändig zusammen, die feststehenden Gerichte versah er mit einem Ausrufezeichen, die wünschenswerten trugen ein Fragezeichen. Tamara stimmte gerade mit ihrer tiefen, kehligen Stimme einen Begräbnisgesang der Altgläubigen an, und Helmut seufzte erleichtert. Er wußte aus Erfahrung, daß das Lied von der silbernen Hechtbraut und dem schwarzen Zarewitsch etwa vier Stunden dauerte. Also hatte er Zeit. Sein Blick blieb bei Nummer 27 der Fleischgerichte stehen – Kalbsrolle an Sahnesauce mit Petersilienkartoffeln und Gemüse der Saison. „Genau", murmelte Helmut, öffnete den

Kühlschrank, entnahm dem obersten Fach das Kalbfleisch und schnupperte daran. Das Fleisch war frisch, gut gekühlt und von erfreulichem Hellrot, nur eine Stelle sah ein wenig müde aus. Helmut tat einen Spritzer Apfelessig auf die graue Stelle und legte das Fleisch auf den Tisch. Mit geübten Bewegungen bereitete er die Füllung aus eingeweichten Backpflaumen, Möhren und Räucherspeck, hackte Knoblauch und schnitt Sellerie. Er handelte präzise und rasch wie ein Automat.

Tamara sang. Ihre zentnerschweren Fleischmassen wogten im Rhythmus des Liedes. Hin und wieder schluchzte sie auf und schluckte ihre Tränen hinunter – Tamara fühlte mit dem schwarzen Zarewitsch, aus dessen Brust der Rabe mit seinem kräftigen Schnabel die besten Stücke riß.

Helmut steckte der Frau die Zunge heraus, griff sich die Handschuhe, löste die Druckknöpfe aus und verbarg sie in der Gesäßtasche seiner Hose. Dann begann die filigrane Arbeit: der Koch schnitt mit rascher und geübter Hand Sämischlederstreifen, beinahe so feine wie Haar.

Der meatmaster zischte auf dem Wacholderbrett rhythmisch hin und her, der Korsarenzopf hüpfte im selben Takt auf dem sehnigen Rücken des Mannes. Als von den Handschuhen nur noch die haarfeinen Streifen übrig waren, schaltete Helmut den Elektroherd an und goß etwas Olivenöl in den Tiegel. Das Öl wurde langsam heiß, Helmut schüttete die Handschuhstreifen dazu und fing energisch an zu rühren. Alsbald brutzelten die Lederstreifen und verbreiteten einen appetitlichen Duft. Tamara sog die Luft geräuschvoll durch die Nase und fragte: „Was wird das denn für eine Nachspeise?" Helmut rief durch den Qualm und das Gebrutzel: „Kalbsrolle!" und zündete sich die erste Zigarre an. Eine Havanna reichte für den ganzen Tag.

Den duftenden Rauch genießend, horchte Helmut auf Tamaras Gesang. Sie war gerade an der Stelle angekommen, wo der Stein auf dem Grab zu schwer war und das Herz der Jungfrau bedrückte und es klüger wäre, ein Kreuzlein aus Holz zu setzen, das sei genau recht, so könne die Jungfrau im Grabe leichter atmen. Helmut löschte die Zigarre und nahm den Tiegel vom Herd. Rasch tat er die Füllung auf das Fleisch, streute die Handschuhstreifen obenauf und rollte das Ganze fest zusammen. Nachdem er die Rolle mit marinierten

Holzstäbchen fixiert hatte, stach Helmut das Bratenthermometer hinein und betrachtete anerkennend sein Werk. Er wusch sich die Hände, kontrollierte die Temperatur im Backofen und schob das Ganze hinein. Der Tiegel knirschte so eigenartig, daß Helmut die Tür noch einmal öffnete. Nein, alles war in Ordnung. Er schloß den Backofen, schaute auf die Uhr und seufzte.
Unter dem Fenster brummte der grüne Jeep des Chefs. Helmut hörte, wie der Motor stehenblieb und die Tür knallte. Dann polterten schwere Schritte über das Parkett des großen Saales, und die Küchentür flog auf.
„Du hast doch nicht vergessen, daß ich heute wichtige Leute aus Tallinn zum Mittag erwarte?" röhrte es durch die Küche.
Helmut, der gerade eine Forelle filettierte, schüttelte den Kopf: „Hab ich nicht vergessen, Chef, hab ich nicht vergessen." Aber seine Seele lachte, und in Gedanken spuckte er den Chef an – ptüh! Und noch einmal – ptüh!
Der fuhr sich mit dem Ärmel über die Lippen: „Was bietest du uns denn an? Was hast du im Ofen?"
Helmut schnitt einem Barsch mit einem Ruck den Kopf ab und brummte: „Kalbsrolle."
„Nicht schlecht, Koch, nicht schlecht. Das gefällt mir." Der Chef schnipste mit den Fingern und ging. Die Tür flog mit einem Knall hinter ihm zu.

Ein wenig später stand der Koch in seiner Paradeuniform am Tresen und schaute zu, wie der Chef und seine Gäste speisten. Besonders wichtige Gäste bediente der Chef selbst, dann bestand Helmuts Aufgabe nur darin, die leeren Teller, Platten und Schalen fortzuschaffen. Die Gäste lachten und aßen und priesen das Essen. Der Chef trank Rotwein, traf Helmuts Blick und erhob anerkennend das Glas. Der Koch hob als Antwort den Daumen und nickte. Der Chef rief: „Gut gemacht! Du bist ein Koch, wie es sich gehört!"
Vor Helmut auf dem Tresen lagen braune glänzende Lederhandschuhe, die einem der Gäste gehörten. Helmut rückte näher an die Säule. Er unterzog die Handschuhe einer vorsichtigen Prüfung. Das Leder fühlte sich rund und aromatisch an, mit einer interessanten, leicht herben Note sowie einem fruchtigen Nachklang.
Helmut schluckte und preßte die Hand um den Ebenholzgriff seines

meatmaster. Die Hand streckte sich wie von alleine aus und packte das Handschuhpaar. Der hölzerne Tresen verhielt sich wie ein Schneidbrett, glatt und kompakt. Druckknöpfe und Schnallen verunzierten die Handschuhe nicht, und schon zischte der meatmaster in seinem sicheren, erprobten Rhythmus vor-rück, vor-rück, vor-rück ...

Ein junger Mann mit blondem Schnauzbart war mit ein paar Sätzen bei Helmut und schrie: „Was machst du denn! Du verdammter Kerl, was machst du da?!"

Helmut Taagepera, der Meisterkoch, einundneunzig Jahre alt, sah ihm in die Augen und flüsterte: „Du wirst die Handschuhe essen, mein Junge. Essen wirst du sie und in höchsten Tönen loben!"

Die Baronesse

Hildegard von Appen riß sich die Sauerstoffmaske vom Gesicht und warf sie zum Autofenster hinaus. Der junge Fahrer des Mietwagens drehte sich überrascht um, wandte sich aber gleich wieder der Straße zu und sagte kein Wort. Nur seine Ohren färbten sich rot, glühend rot. Aber das konnte ebenso von der Sonne sein.
Hildegard zuckte die Schultern und betrachtete die Mappe aus rotem Ziegenleder. Ein etwa dreißigjähriger, leicht verfetteter blonder Mann hatte sie ihr vor einer Viertelstunde geschenkt. Er hatte ihr auf dem Friedhof die Hand gedrückt und gesagt: „Verehrte Baronesse, ich hoffe von Herzen, daß Ihnen unsere kleine Kollektion aus der Seele sprechen und alle Zweifel hinwegfegen wird!" Ein seltsamer Mann und noch viel seltsamere Worte! Der Mann hatte sich nicht vorgestellt, nur die Baltische Adelsliga erwähnt. Er stank nach Kalbsgulasch mit Knoblauch, und seinen hellblauen Flanellanzug zierten braune Saucenspritzer.
Die Baronesse gähnte vernehmlich und sagte: „Pfui, wie schmutzig, und stinkt der Mann!" Der Fahrer zuckte zusammen und zog den Kopf ein, die Frau verzog den Mund und wischte sich mit einem Papiertaschentuch über die Stirn. Dann öffnete sie den Messingverschluß und klappte die Mappe auf. Auf mehreren Hochglanztafeln waren Haarsträhnen von verschiedener Farbe und Länge befestigt. Die Baronesse blätterte die Tafeln durch: ja, sie hatte sich nicht geirrt – das gesamte Dorf Rooaugu war hier vertreten. Haarproben aller Dorfbewohner, angefangen von den silbergrauen Strähnen der Greise bis hin zu den blonden Löckchen der Kleinkinder. Hildegard schürzte die Lippen und vertiefte sich in die Proben. „Wie abscheulich, daß den Menschen solche Sachen am Kopf wachsen!" Sie befühlte automatisch ihre eigenen Haare, seufzte und überblätterte rasch die Tafeln mit dem Blond. Sie war auf dunkles Haar aus. Aber dafür gab es lediglich zwei Beispiele. Die Baronesse nahm die erste der beiden Tafeln zur Hand, auf der eine blauschwarze Locke befestigt war, studierte das Namensschild und nickte. Sie hatte sich schon gedacht, daß sie einem Zigeuner gehörte. Und so war es

auch, denn auf dem Schild standen mit lilafarbener Tinte folgende Angaben:
„Mitrowsky, Juri, Sohn der Galina. Vater unbekannt. Zum Zeitpunkt des Haareschneidens einunddreißig Jahre alt, lebt in freier Ehe mit Liina Tensson, mit selbiger acht Kinder: ein Sohn, sieben Töchter. Tätigkeit – keine. Bisherige Tätigkeit – Diskotänzer, Sänger, Fischer sowie Wahrsager. Augenfarbe – dunkelbraun. Größe – 1,72 m, Haarfarbe – siehe Probe. Besondere Kennzeichen: an der linken Hand fehlen drei Finger, trägt im rechten Ohr ein Goldplättchen. Tätowierungen: auf der linken Brusthälfte Schlange und Apfel. Auf der rechten Brusthälfte Fledermaus mit Taschenlampe und Buch. Um den Nabel Stacheldrahtschlinge, darauf ein Storch mit geöffnetem Schnabel. Rücken: Nachteule mit Sonnenbrille sowie Alligator mit offenem Maul. Gesäß: zwei Pinguine, einer auf der linken, einer auf der rechten Gesäßhälfte. Schenkel: gewundene Lorbeergirlanden und auf Trommeln sitzende Pirole, Schlegel im Schnabel."
Die Baronesse schnalzte, klappte das Lorgnon zusammen und rieb sich die geröteten Augen. Der Text war blaß, das Lesen und Übersetzen fiel ihr schwer. Die Baronesse konnte kaum noch estnisch, sie hatte es fast fünfzig Jahre lang nicht mehr gesprochen. Herr im Himmel, das war aber auch eine Sprache! Knoten kriegte die Zunge davon!
Die Baronesse schnupperte an der Haarsträhne. Sie war vollkommen geruchlos, nur die Tafel verströmte den Geruch von Pappe und Büroleim. Die Haare waren mit einem rotem Faden an der Pappe festgenäht. Die Baronesse zupfte vorsichtig, dann zog sie ein paar Härchen aus der Strähne heraus und verbrannte sie an der Flamme ihres Feuerzeugs. Der Geruch versengter Knochen stach ihr in die Nase, und die Baronesse seufzte erleichtert. Sie legte die Akte Mitrowsky gesondert beiseite, schloß die Ziegenledermappe und zündete sich eine Zigarette an. Von der „Davidoff" mußte der Chauffeur husten, und die alte Dame war gezwungen, die Zigarette auszudrücken. Der junge Mann murmelte eine Entschuldigung und wurde wieder rot, die Baronesse gähnte, dann fielen ihr die Augen zu.
Hildegard von Appen erwachte von ihrem eigenen lauten Schnarchen, als sie auf der Pärnu-maantee in Richtung Innenstadt fuhren. Sie machte ein paar Kaubewegungen und gähnte. Vor dem Hotel

„Palace" mühte sie sich aus dem Volvo, griff nach Mappe und Handtasche, der Chauffeur brachte die Krücken und hielt sie dienstbeflissen bereit. Als er jedoch die Sachen der alten Dame übernehmen wollte, fuhr sie ihn an, daß Tasche und Mappe bei ihr zu bleiben hätten.
„Du jetzt freier Mann. Wenn ich rufe, wir fahren. Du verstehst?"
Der Fahrer ging in Habachtstellung und krächzte: „Jawohl!"
Die Baronesse nickte und begab sich unter dem Klicken ihrer Krücken ins Hotel, geradewegs auf die Rezeption zu, streckte die Visitenkarte über den Tresen und verlangte, mit Nürnberg verbunden zu werden.
„Nummer unten! Rote Nummer!"
Das blonde Fräulein an der Rezeption wählte gehorsam die Nummer, trommelte mit einem Fingernagel auf die Tischplatte und teilte bedauernd mit:
„Es ist momentan besetzt. Möchten Sie, daß ich es noch einmal versuche?"
Die Baronesse runzelte die Brauen und stakte zum Lift. Der Portier drückte den Knopf, der Lift kam, die Baronesse betrat die Kabine und sagte:
„Sie soll nochmal und mein Zimmer verbinden! Sehr wichtig!"
Die Türen schlossen sich, und das leise Rauschen kündete davon, daß sich der Lift in Bewegung gesetzt hatte. In der dritten Etage stieg die Baronesse aus, bis zu ihrer Suite waren es nur wenige Schritte. Dort angekommen, ließ sie die Krücken fallen und warf die Mappe aufs Bett, öffnete das Fenster und betrachtete schwer atmend den Vabaduse väljak, den Freiheitsplatz, und die Turmspitze der Jaani-Kirche. Dann löste sie die Ohrringe von den Ohren, nahm die Kette vom Hals und zog die Ringe von den Fingern. Goß sich ein Mineralwasser ein und wartete, daß die Kohlensäure entwich. Trank einen winzigen Schluck und bewegte prüfend den Mund. Dann leerte sie das ganze Glas. Das Telefon klingelte. Die Baronesse öffnete die Blusenknöpfe, wischte sich mit der Übergardine über die verschwitzte Brust, riß den Hörer vom Apparat und rief:
„Jaa? Alluuu?"
Ratlos legte sie auf und zündete sich eine „Davidoff" an. Das Telefon klingelte erneut. Die Baronesse langte, jetzt ohne Eile, nach dem Hörer, blies den Rauch aus der Lunge und sagte: „Jaa? Alluuu?"

Sie hielt den Hörer mit der Linken ans Ohr. Mit der Rechten schnürte sie ihre orthopädischen Stiefel auf. „Jaa? Ach, Nummer nix antworten? Nochmal? Jaja, nochmal. Ich warten."
In der Nachtschwärze wirkte die Jaani-Kirche gespenstisch. Die ganze Stadt schien von schwarzem Papier bedeckt zu sein. Selbst die Bäume standen ganz in Schwarz. Die Baronesse stützte sich aufs Fensterbrett und rauchte. Ein räudiger Hund strich diagonal über den Platz, schnupperte an der Tür zum Gotteshaus und hob das Bein. Die Baronesse schaute auf die Uhr, schraubte den Füllfederhalter auf und schrieb in tadellosem Estnisch auf ein weißes Blatt: „Die vierte Stunde des neuen Tages. Zu dieser Uhrzeit regt sich in Tallinn keine einzige Menschenseele. Ich warte auf den Anruf aus Nürnberg. Meine Hoffnungen sind – oh! – so groß!"

Der Mond

Der Forscher legte den Finger ans Ohr, nahm den gelben Bleistift zur Hand, breitete ein weißes Blatt Papier vor sich auf dem Tisch aus und blickte Martin an. Dann goß er Mineralwasser in zwei Gläser, reichte Martin das eine und sagte:
„Sie haben das Recht, meine Fragen nicht zu beantworten, wenn Sie nicht wollen. Ich achte die persönliche Freiheit, schließlich ist sie per Gesetz geschützt. Also. Sie sind bereit, auf meine Fragen zu antworten?"
Martin betrachtete den gelben Bleistift, schaute auf das weiße Blatt Papier und strich über die schwere, grobe Tischplatte. Die elementare Klarheit, die von diesem in sich ruhenden Tisch ausging, war geradezu erschreckend. Die lederbezogenen Sessel und die Thermoskanne aus Edelstahl, ein überdimensionales Wandmosaik aus Bernstein, ein Aquarium mit wohlgenährten Fischen und der griechische Hirtenteppich auf dem nackten Erdboden, und dann, noch einmal, dieser massige Bauerntisch! Martin mußte zugeben, daß der Forscher, oder wer auch immer er war, seinen Stil hatte. Er zog die Schultern hoch.
„Ich werde antworten, wenn ich sicher bin. Wenn ich weiß, daß ich recht habe."
„Gut. Und ich werde all das, was ich bereits weiß, nicht noch einmal fragen. Nur eins ... Wissen Sie, wie lange Sie schon unser Gast sind?"
Martin betrachtete den Hirtenteppich, sein Blick bohrte sich in das weiche Weiß, und in Gedanken arbeitete er seinen Namen tief in den vor ihm ausgebreiteten Flausch ein. Plötzlich fuhr er zusammen und sagte heiser:
„Ich weiß es nicht. Schlagen Sie mich tot, ich weiß es nicht!"
Der Forscher gab den Code ein, klickte etwas mit der Maus an, schaute aus den Augenwinkeln zu Martin hinüber und meinte vertrauensvoll:
„Etwas mehr als ein Jahr."
Martin zuckte wieder, beruhigte sich jedoch umgehend und entgegnete:
„Etwas genauer bitte. Den Tag."

„Wenn wir davon ausgehen, daß gleich Mitternacht ist und ein neuer Tag beginnt, dann sind Sie genau dreihunderteinundachtzig Tage hier."

„Keine angenehme Zahl. Dreihundert wäre richtig. Aber die Achtzig macht mir Angst. Eine ganz scheußliche Zahlenkombination, muß ich sagen!"

„Aber am Ende steht doch die Eins?"

Martin versank einen Moment lang in Gedanken, dann flüsterte er: „Ja, die Eins ist ganz gut. Die Eins ist immer gut."

„Warum?"

„Die Eins ist stärker als die Zwei."

„Inwiefern?"

Martin streckte die Hand aus.

„Geben Sie mir mal kurz den Bleistift. Und das Papier auch."

Der Forscher schob Bleistift und Papier zu Martin hinüber. Martin kontrollierte, ob der Bleistift spitz war. Der Forscher folgte jeder Bewegung.

„Möchten Sie, daß ich einen neuen Bleistift anspitze?"

Martin nickte. Der Forscher fingerte ein kleines Messer aus der Tasche, entnahm einer Schachtel einen neuen Bleistift und spitzte ihn nadelspitz an. Blies den Staub ab und reichte ihn lächelnd Martin. Martin zog den Stift langsam über das Papier und verfolgte, wie das weiche Graphit schwarze Linien auf der weißen Fläche hinterließ.

Er schob das Blatt zurück zum Forscher und erklärte:

„Sehen Sie doch selbst! Die Eins steht kerzengerade, stolz und selbstsicher. Sie sieht jung aus, ausgeruht und frisch und hat Durchschlagskraft. Wie ein Eisennagel, handgeschmiedet. Und jetzt sehen Sie sich mal die Zwei an! Was für ein niederschmetternder Anblick! Saft- und kraftlos, mit hängendem Kopf und in der Mitte gebrochen. Keine Willenskraft, kein Charme. Sowas wie die wühlt in Mülltonnen!"

Martin seufzte auf, warf den Bleistift aus der Hand und sah dem Forscher in die Augen. Der Forscher verglich die Zahlen und nickte: „Sie haben recht."

Dann faltete er das Papier sorgsam zusammen und verbarg es in der Brusttasche. Seine Bewegungen waren langsam, gemessen und genau, wie bei einem Waran, der sich dem Ziel nähert.

„Martin, wir beginnen jetzt ganz von vorn. In aller Ruhe. Zeit haben

wir genug. Möchten Sie einen Kaffee? Oder einen Tee? Wasser, Saft?"
Martin schüttelte den Kopf.
„Danke, ich möchte nichts."
„Rauchen Sie?"
„Nein."
„Es stört Sie doch nicht, wenn ich rauche?"
„Es stört mich nicht, aber mir wird schlecht davon. Ich vertrage keinen Rauch. Ich kann davon ohnmächtig werden."
Der Forscher steckte die Zigarette langsam in die Schachtel zurück. Und plötzlich brüllte er:
„Was haben Sie gesehen!"
Martin murmelte, kaum vernehmbar:
„Licht."
„Was für ein Licht! War es eine Lampe?"
Der Forscher stand mit einem Ruck auf, holte aus dem Vorraum eine lange schwarze Stablampe, wie sie von der Polizei benutzt wird und schaltete sie ein. Er richtete den Lichtstrahl Martin in die Augen und wiederholte:
„War es eine Lampe! Wie diese hier?"
Martin bedeckte das Gesicht mit beiden Händen, die Helligkeit fraß sich durch die geschlossenen Lider mitten ins Gehirn und brannte. Er schrie:
„Nein!! Noch viel heller! Tausendmal heller als Ihre schreckliche Lampe! Es war ... wie der Mond! Es war der Mond!"
„Soll das ein Scherz sein?"
„Der Mond ist kein Scherz!"
„Und dann? Was war dann?"
Martin wischte sich mit der Hand übers Gesicht, schluckte und antwortete:
„Ich rannte los. Mein Mantel war mir im Weg. Ich knöpfte ihn auf und warf ihn ab. Mit jedem Schritt stieg meine Geschwindigkeit. Mir flog der Hut vom Kopf. Ich hörte ein Sausen und warf auch den Schal und die Handschuhe fort. Ich wurde immer schneller. Und dann ..."
„Und dann? Was war dann?"
„Mit einem Mal berührten meine Füße den Boden nicht mehr. Ich korr... korr..."

Martin stockte, er konnte nicht weitersprechen. Der Forscher half:
„Korrigierten?"
„Korrigierte meine Körperhaltung und dann sch... sch..."
„Streckten Sie die Arme nach oben ...?"
Martin wurde wütend:
„Nein!! Vor! Nach vorne! Ich streckte die Arme nach vorne und begann zu steigen. Ich stieg immer höher, ich flog immer schneller, der Wind sauste mir in den Ohren. Ich traute mich nicht, nach unten zu schauen, ich kniff die Augen zu und flog und flog und flog. Dann befiel mich Angst, unbeschreibliche Angst. Das Gefühl von Kälte und Angst. Als hätte man mir mit einem schweren Hammer gegen den Kopf und den Rücken geschlagen! Und dann wurde ich naß, über und über naß. Ich war wie in heißes Öl getaucht! Und die Stimmen! Schreckliche Stimmen ..."
Der Forscher stand auf und flüsterte:
„Weiter! Was war weiter?"
Martin zuckte die Schultern.
„Nichts war weiter. Der Weg bis zum Mond war schrecklich, aber dann wurde es langsam besser. Wenn man am Mond vorbei ist, ist es geschafft. Dann braucht man sich keine Sorgen mehr zu machen."
„Was haben Sie gesehen?"
„Städte. Auf der anderen Seite des Mondes liegen Städte. Die Straßen sind viel breiter als in Tallinn, aber das Licht ..."
Der Forscher legte Martin die Hand auf den Mund und fragte:
„Als Sie am Mond vorbei waren, wurde es dann noch heller?"
Martin mußte unwillkürlich lächeln. Ihm wurde auf einmal wohl und leicht zumute.
„Ja. Dann wurde es noch heller. Und je weiter ich kam, desto heller wurde es. Bis mir schien, als wäre ich selber ein Teil der Helle, ein Teil dieses ganzen gigantischen Lichts!"
Der Forscher löschte die Lampe, setzte sich wieder auf den Stuhl und wischte sich den Schweiß von der Stirn. Er schaltete den großen Deckenventilator ein und zündete sich eine Zigarette an. Blies den Rauch rasch aus und heftete seinen Blick auf Martin.
„Und du lügst nicht?"
Martin wischte sich die Haare aus der Stirn und war keineswegs überrascht, daß der Mann ihn plötzlich duzte.

„Ich lüge nicht."
„Gib mir dein Ehrenwort!"
„Ehrenwort."

Der Rettungswagen

„Zweihunderteinunddreißig! Schluß!" Das galt dem Wachschutz. Kalmer schaltete die Alarmanlage aus und zog die Jalousie hoch. Die heitere Aprilsonne drang in das dämmrige Geschäft, und das Gold in den Vitrinen fing an zu strahlen. Die blutjunge Hilfskraft Niina wedelte mit einem Federwisch nicht vorhandenen Staub von den Glasvitrinen, Kalmer hängte das Schild von der Wand ab, nahm vom Regalbrett die Schrauben und trat auf die Straße. Es begann das allmorgendliche Ritual, das Kalmer mit Hingabe pflegte. Er befestigte das Schild neben der Tür und las stolz die in gotischen Buchstaben gehaltene Inschrift: KALMER-GOLD. Die reliefartig hervortretenden Schriftzüge waren mit Blattgold belegt und strahlten in vollem Glanz. Niina hatte im hinteren Raum den Kaffee in die Tassen gegossen und das Frühstück aus der Thermospackung genommen. Kalmer biß die Pizza an, schaute auf die Uhr und murmelte: „Zwei Minuten nach Zehn." Dann tat er drei Löffel Zucker in die Tasse und goß reichlich heiße Milch dazu. Der Kaffee war stark, heiß, süß und samtig. Genau, wie Kalmer es mochte. Die heutige Zeitung hatte Niina auf der Tischecke plaziert und bereits die Sportseite aufgeschlagen. In Reichweite lag ein Zigarillo sowie die in einer vergoldeten Hülle steckende Streichholzschachtel, aus der ein Streichholz bereitwillig herausragte. Genau wie jeden Morgen. Kalmer quiekte und zwinkerte Niina zu. Niina zwinkerte zurück und mauzte leise. Kalmer quiekte erneut, Niina mauzte lauter. Kalmer klatschte sich auf die Schenkel und flüsterte: „Platz! Wo ist Niinas Platz?" Niina schleckte sich mit der Zunge über die Lippen – da läutete das silberne Glöckchen, und ein alter Herr mit Strohhut betrat würdevoll das Geschäft. Kalmer trat hinter den Ladentisch, schlug die Hacken zusammen und verneigte sich leicht. Warf den Kopf nach hinten, berührte mit dem Daumen der rechten Hand eine Haarsträhne und krähte: „Der Herr – was kann ich für Sie tun?" Der Kunde sah den Juwelier erstaunt an. Suchte die Brille heraus, setzte sie aber nicht auf. Kalmer folgte dem Blick: der Strohhut schien auf die Eheringe zu zielen.

Kalmer öffnete die feuersichere Vitrine.

„An Eheringen haben wir eine besonders erlesene Auswahl. Bitteschön, was darf ich Ihnen zeigen?"

„Der für die Dame dürfte ..." – der alte Herr schaute auf einem Notizzettel nach – „... Größe siebzehn haben."

Kalmer legte die Auswahl auf ein kleines mit Samt ausgeschlagenes Tablett. Der alte Herr betrachtete jeden Ring einzeln. Gründlich und nervtötend lange. Den einen und anderen Ring nahm er zur Hand, um ihn an die Augen zu heben, ehe er ihn wieder zurücklegte. Dann interessierte er sich für die Verlobungsringe. Er bat, ihm den teuersten zu zeigen, und zwar das antike Stück im Wert von zirka zweihunderttausend Kronen.

„Sie haben heute Ihren Glückstag, mein Herr", lachte Kalmer, „der Ring hat genau Größe siebzehn, er wird passen wie angegossen!"

Der alte Herr lachte meckernd, setzte den Strohhut ab und wischte sich mit einem bunten Seidentüchlein die Stirn. Dann legte er den Hut auf den Ladentisch und knöpfte das Jackett auf, öffnete den Verschluß einer am Gürtel befestigten kleinen ledernen Tasche und entnahm ihr eine Lupe in silbernem Futteral. Er putzte die Lupe mit einem Sämischlederläppchen, gründlich und nervtötend lange. Im Geschäft herrschte Grabesstille. Niina erschien fragend an der Tür, lächelte, knickste und verschwand. Der alte Herr studierte den Ring unter der Lupe, Kalmer richtete mit einem Reflektor Licht auf die Brillanten, damit der Herr sich von der Qualität des Schliffs überzeugen konnte. Der dankte es dem Juwelier mit einem flüchtigen Nicken und legte den Ring aufs Tablett zurück. Steckte die Lupe ins Futteral und fragte:

„Wie hoch ist der genaue Preis für diesen Ring?" Kalmer beugte sich nach vorn, legte ein Preisschildchen auf den Ladentisch und antwortete: „Genau einhundert neunundneunzigtausend und siebenhundert Kronen, nicht mehr und nicht weniger, mein Herr."

Der alte Herr zog aus der Bauchtasche zwei Geldpäckchen hervor und flüsterte:

„Kann ich in amerikanischen Dollars bezahlen?"

Kalmer biß sich auf die Lippen, griff nach dem Taschenrechner und errechnete den Wechselkurs. Im selben Moment begann der alte Herr zu schwanken, krächzte etwas unverständliches und griff sich mit der rechten Hand ans Herz. Die Geldpäckchen fielen auf den

Fußboden. Niina kam von hinten geeilt und bekam große Augen. Zwei Dollarpäckchen – auf dem Fußboden, neben dem Ladentisch, in unmittelbarer Reichweite! Kalmer warf den Rechner aus der Hand und sprang hinter dem Ladentisch hervor, aber der alte Herr sank, pfeifend nach Atem ringend, rücklings aufs Parkett.
„Niina! Den Rettungswagen!"
Kalmer behielt den alten Herrn sorgsam im Auge und schob die Dollarpäckchen mit der Schuhspitze sachte hinter den Ladentisch. Welch eine Beute! Er hielt den Atem an, sein Herz wollte vor Erregung bersten. Kalmer griente. Das hätte gerade noch gefehlt! Niina wählte die Nummer und schrie in den Hörer:
„Kommen Sie schnell, Lai-Straße 11 b! Ein älterer Herr ... ja ... wahrscheinlich ein Infarkt. Er faßte sich ans Herz und fiel um ... ja ... Lai 11 b, das Schmuckgeschäft ... genau, Kalmer-Gold ... o Gott, kommen Sie schnell!"
Sie war kreidebleich, als sie sich an Kalmers Reverts klammerte:
„Gleich sind sie da! O Himmel, was für ein Schaden für unser Geschäft!"
„Wieso Schaden? Nun spinn mal nicht rum, sowas kann immer mal passieren, das Herz vom Alten hat seinen Geist aufgegeben, na und?!" Kalmer öffnete den Kragenknopf des alten Herrn und lockerte die Krawatte.
„Hauptsache, er gibt hier nicht vollends den Löffel ab, dann gibt's eine Menge Theater."
Mit jaulender Sirene kam der Rettungswagen, er hielt mit kreischenden Bremsen. Eine junge blonde Ärztin im weißen Kittel eilte ins Geschäft, schaute auf den am Boden liegenden alten Mann und öffnete hastig eine lederne Arzttasche. Sie zog einen großen Armeerevolver heraus und schrie:
„Das ist ein Überfall! Auf den Boden! Sofort! Keine Bewegung, sonst knallts!"
Kalmer und Niina taten wie befohlen. Der alte Herr sprang auf, jetzt hatte auch er eine Pistole in der Hand. Er richtete sie auf Kalmer und befahl:
„Den Schlüssel vom Safe! Hopp!"
Die blonde Schönheit leerte inzwischen die Vitrinen. Mit raschen Bewegungen wischte sie alles, was ihr unter die Finger kam, in eine Plastiktüte: Armbänder, Ringe, Ketten, Ohrringe, Anhänger, Arm-

banduhren, Taschenuhren, Münzen ... Die leere Arzttasche hatte sie dem alten Herrn zugeworfen, der Kalmer eben den Schlüssel aus der Hand riß und zum Safe stürmte. Ganz nebenbei hob er die beiden Dollarpäckchen vom Fußboden auf, feixte und steckte sie ein.
Kalmer rief:
„Im Safe ist nichts, ich habe alles in den Vitrinen ..."
„Maul halten!"
Die Blondine sprang auf Kalmer zu und hieb ihm den Pistolenknauf über den Kopf. Der Juwelier schrie auf und verlor das Bewußtsein.
Als Kalmer die Augen aufschlug, sah er den gebeugten Rücken des alten Herrn. Der Mann leerte gerade das untere Fach des Wandsafes und machte dann irgend etwas mit Niina. Zärtlich berührte er Niinas Haar und murmelte:
„Beweg dich nicht! Sonst ist es gleich aus!"
Kalmers Mund war ausgetrocknet, er schluckte mehrmals und biß sich auf die Zunge. Verfluchte Bande, was sollte das jetzt heißen? Zur blonden Rettungsärztin hinüberspähend verfolgte Kalmer, wie sie gerade die letzte goldene Kette aus der Vitrine in ihre Tasche fegte. Das Gold klirrte leise, und Kalmer bemerkte, daß die Frau einen kirschroten französischen Slip trug. Kalmer begann zu stöhnen. Die Frau packte ihre Tasche, versetzte ihm einen Fußtritt und rief:
„Vater! Es ist Zeit!"
Dann stellte sie sich mit gespreizten Beinen über Kalmer, zog den Beinausschnitt beiseite, zeigte ihre dichten schwarzen Haare und sagte lächelnd:
„Schau sie dir an, schöner Junge. Zum letzten Mal, ehe du zum Flug ansetzt."
Sie trat über Kalmer hinweg, hinaus aus dem Geschäft, der alte Herr folgte ihr lächelnd. Das Auto sauste mit jaulender Sirene davon.
Kalmer spürte noch immer den erregenden Duft der vermeintlichen Ärztin, rappelte sich stöhnend auf, berührte seinen blutverkrusteten Nacken und wankte hinter den Ladentisch. Niina lag bäuchlings auf dem Boden und weinte still. Kalmer bemerkte, daß auf ihrem Rücken ein Paket von merkwürdiger Form befestigt war, aus dem irgendwelche Drähte ragten. Er beugte sich hinab, um die Vorrichtung genauer zu betrachten. Sein Nacken bedeckte sich mit

kaltem Schweiß. Aha, deswegen also trugen sie weder Masken noch Handschuhe!

Niina flüsterte: „Was ist das? Kalmer, was ist das! Was ist auf meinem Rücken!"

Kalmer streckte die Hand aus, ihm schien, wenn er dieses grüne Drahtende ...

Soeben

Am Ufer des Röhn-Stausees prangt ein Gut. Das Herrenhaus mit seinen schneeweißen Säulen und spitzen Türmen spiegelt sich im Wasser. An den unteren Fenstern des Hauses starren verrostete Gitter, die schmalen Schießscharten im Obergeschoß sind mit dunkel gebeizten Luken aus karelischer Birke verschlossen. Vielleicht als Schutz vor dem nassen Morgennebel, der gespenstisch über die duftende Minze und die Seerosen wabert? An der Treppe der verglasten Veranda summen riesige Sonnenblumen vor sich hin. Tausende von Bienen tummeln sich auf den Blüten, und dicker Pollen hängt wie gelbes Gas über den Gewächsen.

Das Summen wird stärker.

Die goldene Wolke ändert ihre Gestalt.

Gerade eben.

Jetzt wieder.

Weiter hinten zeichnet sich durch den Nebel die bemooste Ruine des feldsteinernen Pferdestalls ab.

Am Ende der Blaufichtenallee duckt sich eine Kapelle aus Kalkstein, aus deren verfallenem Turmstumpf ein goldener Blitzableiter als matter Strahl gen Himmel fährt. Durch das Rundbogenfenster sieht man ein Stück der gesprungenen Glocke, deren überlanger roter Glockenstrang sich als Blutrinnsal über die ganze Fassade zieht und von da bis zu dem bemoosten Holzkreuz weiterrinnt, das so vermodert ist, daß ein Nebelschwaden es mit einem Seufzer niederstreckt.

Eben gerade.

Unmittelbar am Wasser erhebt sich mit einer Fassade aus schwarzem Marmor und einem gerade offenstehenden Kuppeldach das nagelneue Schwimmbad, die massive Tür ist mit einem goldenen Klopfer versehen.

An der schimmernden Wand lehnt ein gelbes Fahrrad mit plattem Vorderrad und einem perlenbestickten Samtkissen anstelle des Sattels. Auf den Samt fallen feine Nebeltröpfchen. Gerade eben.

Hinter der Schwimmhalle auf dem Hubschrauberlandeplatz wartet

die kleine rote Maschine mit ihren hängenden Rotorblättern und dem gestreiften Sonnenschutz an den Fenstern. Auf dem Dach des Hubschraubers döst eine große rötliche Katze, die Nase im buschigen Schwanz verborgen.
Der Anlegesteg ist leer, nur ein weißer Jagdfalke sitzt auf dem plumpen Bronzepoller. Der Vogel trägt Fesseln an den Beinen und hat einen speckigen Ledersack über den Augen.
Unten im Dorf kräht ein Hahn.
Im ehemaligen Staatsforst ertönt ein Schuß, gleich darauf ein zweiter und noch ein dritter. Das helle Echo der Schüsse wirft sich zwischen die Gebäude und reißt lange Streifen aus dem Nebel.
Eine einzelne Schwalbe schießt im Tiefflug über das Wasser, setzt mit dem linken Flügelende einen Schnitt in die Fläche und verschwindet im plötzlich wolkenlosen Himmel. Jetzt gerade.
Hinter dem hohen Deich, der Sonne entgegenfahrend, pfeift der Tallinner Morgenzug. Der Lokführer gibt mit dem Pfiff zu verstehen, daß der alte Gutsbesitzer nicht umsonst in die Bahn investiert hat: der Zug fährt täglich, hält sich an den Fahrplan, und die Wagen sind voller Fahrgäste, sowohl in Richtung Stadt als auch in Richtung Land.
Der auf den Pfiff folgende Trompetenstoß ist so durchdringend, daß die unbewegliche Spiegelfläche des Gutsteichs Wellen schlägt. Und im selben Moment beginnt jemand zu lachen. Unklar, ob Frau oder Mann. Oder vielleicht ein Kind? Ein Vogel oder ein Vierbeiner? Die rote Katze gähnt, schaut verdattert um sich und macht einen Buckel. Gerade eben.

Die zweiteilige verglaste Flügeltür des Herrenhauses öffnet sich, und eine duftende Tabakwolke quillt in den hellen Morgen hinein. Gleichzeitig dringt aus dem Inneren des Hauses verärgertes Gemurmel. Voller Überdruß wiederholt die Stimme etwas Geschriebenes.
„An den hochverehrten Obersten Richter der Republik. Erklärung. Wir, Amelia von Lipp, Baronesse, erklären hiermit, wie wir in diese verrückte Geschichte reingeraten sind. Anfangs war es so, daß wir auf dem Bahnsteig vom Bahnhof gestanden haben. Nein. Wir saßen ja noch in der Kalesche und warteten auf den blöden Gebeine-Container! ... Scheißverdammt!"

Amelia flucht und wischt sich die Haarsträhne weg, die ihr immer wieder über die Augen fällt. „Raffgardinen", murmelt sie und wirft den Fineliner aus der Hand. Sie steckt die unberingten hageren Finger in den Becher und befeuchtet die lästige Strähne mit Portwein. Mehrmals nacheinander. Der Becher aus ungebranntem Ton fällt leise rieselnd in sich zusammen, und der dunkle Wein ergießt sich auf die Papiere. Gerade eben.
„Scheißverdammt!" flüstert das Fräulein und knetet den nassen Ton.
Hinter einem bemalten Wandschirm steht der junge Bedienstete in seiner blauen Livree und holt geräuschvoll durch die Nase Luft. Gerade eben.
Die Nasenflügel des jugendlichen Lakaien beben. Jetzt beginnt auch das eine Knie zu zittern. Stärker und stärker.
Der Name des jungen Mannes lautet Matthias. In der entsprechenden Zeile des Kirchenregisters steht zwar Saunamets, Madis, aber zu einem auf dem Gut Angestellten paßt dieser bodenständige Bauernname nicht. „Das wird geändert!" So hatte ihn der Baron angeherrscht, als er den Jungen unter etlichen Bewerbern ausgewählt und in seinen Dienst gestellt hatte. So wurde aus dem Saunamets-Madis auf Befehl des Herrn Baron Matthias Schaunwald.
Der Junge, die Begebenheit vom letzten Frühjahr erinnernd, beißt sich auf die Lippen, gerade eben.
Und der Gutsherr und Landeigner, Baron Immanuel von Lipp, steht gerade eben im dämmrigen Vestibül und streicht über eine stumpfe Ritterrüstung, die neben der Treppe in einer Nische wohnt. Der Alte steckt seine lange rote Zunge in den Schlitz des Visiers und stellt fest, daß alles der Wahrheit entspricht: „Wahrlich, wahrlich, wir sagen uns, das ist genau so und nicht anders."
Ungeklärt bleibt, was genau so und nicht anders ist. Die Beschreibungen? Oder die Schüsse? Vielleicht der Trompetenstoß? Die rote Katze?

Das Fräulein erhebt sich, betrachtet sich im Spiegelbild der Glastür und macht drei Kniebeugen. Dann wirft es sich zurück in den Sessel, greift nach einer Patronenhülse aus Messing und setzt sie an die Unterlippe. Einen Augenblick später ertönt ein gellender Pfiff.
„Du mußt nicht so laut pfeifen, mein liebes Kind, wir hören dich auch so", krächzt Immanuel von Lipp und stolpert hinter der Säule

hervor. Der Baron nestelt am obersten Holzknebelverschluß seiner Joppe und fährt fort: „Ja. Kalt ist es. Schrecklich kalt ... Man schlottert hier wie ...", der Greis mit dem grauen Zopf bewegt die Lippen und ratscht mit der eisernen Spitze seines Stockes über das Kalksteinparkett. Durchs dämmrige Vestibül stiebt ein langer, nach Schwefel riechender Funkenschweif. Gerade eben. Der Baron schnuppert und murmelt: „Minengelb ... Schießpulver". Dann schaut er sich ratlos um. „Wie weiter? Na, wer kann mir sagen, wie das heißt, was so bläst ..." Er schmatzt ein paarmal, dann zieht er aus der Tasche seiner Fehjoppe ein Bund auf eine Goldkette gefädelter handgeschnitzter Wacholderscheibchen und blättert sie, auf der Suche nach dem benötigten Wort, durch. „Ingermanländer ... Ingwer ... Mayonnaise ... Nutria ... Schinken ... Sülze ..." Die goldene Kette blitzt auf. Gerade eben. Für einen Moment. Die gewachsten Scheibchen durften wie ofenwarme Zimtbrötchen, und der Baron schluckt. Das Fräulein schleudert die Schuhe von den Füßen, streckt die Beine von sich und reißt den Mund auf. Das süße Gähnen treibt ihr Tränen in die Augen. Amelia wischt sie ab und folgt den plumpen Bewegungen des Vaters. Sie horcht auf das Klappern des Runenstabkalenders.
Auf einmal, vermutlich gerade eben, nimmt Amelia mit ihrem Körper merkwürdige Rhythmen wahr, aus denen bald heftige Zuckungen werden. Schon klappern die Wacholderscheiben im Kopf der jungen Frau, bringen immer neue und neue Töne hervor, dröhnen bereits lauter als die Glocken im Turm der Petri-Kirche ... Amelia preßt sich die Daumen in die Ohren und reißt den Mund auf.
Die Katze turnt auf den Sonnenblumen und fängt die Bienen mit dem Maul.
Durch den Körper des alten Herrn zuckt ein Blitz. „Da!" Er hebt das Holzscheibchen vor die Augen und ruft: „Wind!" Der Baron schmunzelt und verstaut die Scheibchen wieder in der Tasche. „Ich danke dir, Lektor, für dein Geleit zum richtigen Wort! Ein schrecklich kalter Wind, nöch –"
Amelia schluchzt. „Das Wunder, mein klingendes Wunder ist erloschen!" Sie schüttelt den Kopf. „Danke. Ich danke und begreife. Die Glocken klingen nicht, weil mein Vater meschugge ist. Vollkommen meschugge mitsamt seinem Lektor aus Holz."

Immanuel von Lipp trippelt mit kleinen Schritten, die Füße kaum vom Boden hebend, in Richtung Gutsteich. Ziegelroter Staub legt sich auf die feuerroten Lackstiefel und die weißen Gamaschen. Das Fräulein folgt dem Vater mit den Augen. Sie hustet, ohne husten zu müssen, und entspannt sich. „Für den Moment. Für einen einzigen Moment. Zum letzten Mal. Ehrenwort, das ist das letzte Mal", denkt Amelia. „Ich muß realistisch und tüchtig werden. Eine vernünftige und liebende Tochter. Ein verständiges Kind. Eine würdige Erbin. Ein Mensch."
Amelia schließt die Augen und beginnt: „Die Augen gehen unter. Häute senken sich auf die Augen. Feste warme feuchte Häute. Ja. Genau. Innen schleimige Häute mit abstehenden schwarzen Härchen an den Rändern. Wenn ich die feuchten Häute leicht bewege, geben sie ein leises Glitschen von sich ... heiße glatte Häute, durchdrungen von warmem roten Licht ... das Rot wird heiß, es glitscht immer schneller, fängt an zu kochen und um mich zu wallen ... es sucht einen Eingang ... jetzt dringt es ein, sticht durch mich hindurch, zieht sich zurück und durchsticht mich wieder, tief, durch mich hindurch und wieder zurück ... immer wieder, hin und her, ... und ich lasse das alles geschehen. Jetzt ...!"

Der Sauna-Madis stöhnt und kaut gierig auf der geflochtenen Pfeifenschnur seiner Livree. Die Augen des jungen Mannes sind vor Genuß verdreht, er schreit tonlos auf. Gerade eben.
Baron von Lipp zieht eine Fernbedienung aus der Brusttasche und tastet über die winzigen Knöpfe. Er schaltet die Lautsprecheranlage ein und fährt in seinem unterbrochenen Monolog fort: „Kalter Wind tut Alexander nicht gut. Alexander verträgt keinen Zugwind. Wenn er uns eingeht, was machen wir dann, wir Ärmsten?"
Aus den Lautsprechern, die über das ganze Gut verteilt, an Stahlmasten befestigt sind, dringt die krächzende Greisenstimme: „Der Wind ist heute kalt. Außergewöhnlich kalt. Und Alexander muß leiden. Wie ein Soldat. Alexander, der Soldat. Wir alle sind Soldaten und befinden uns im Krieg."
Der Bedienstete nickt zu den Worten des Barons, dreht sich auf den Bauch und kriecht wortlos in den Saal. Für heute hat er genug. Madis spuckt die rauhe Kordel aus und trocknet sie mit einer Papierserviette ab. Die nasse Serviette stopft er in den Palmentopf und

kratzt die Blumenerde darüber. Sorgfältig, gerade eben. Die Katze, die überall die erste ist, verfolgt den Bediensteten starren Blickes. Der läuft zum Trumeau und macht einen Kratzfuß. Er befestigt die Pfeifenschnur wieder an der Brust und steckt die silberne Pfeife in die enge Tasche.
Er atmet schwer. Er schluckt mehrmals, damit der Blutdruck sich normalisiert, nestelt am Riemen seines Helms und fragt sein Spiegelbild: „Bin ich ein Soldat?"
Das Spiegelbild nickt und erwidert grob: „Natürlich bist du ein Soldat!" Der junge Mann zwinkert. Das Spiegelbild tut ein Gleiches und fragt: „Tapferer Soldat, wie lautet dein stolzer Name?"
Aus dem Sprung im Spiegelglas quillt gelber Rauch. Gerade eben.

Der Baron rückt seinen Kneifer zurecht und beugt sich über das Aquarium. Er ächzt.
Auf dem Grund des Glasgefäßes taumelt ein häßlicher Fisch von der Farbe einer rohen Olive. „Starker Wind ist kontraindiziert, was? Habe ich recht, alter Junge?" Von Lipp klopft mit dem Stein seines Ringes an das dicke Glas und fragt: „Wie fühlt sich Alexander, der Krieger der Gewässer?"
Das Getier reckt und streckt sich auf dem sandigen Grund, reißt das Maul auf und lacht tonlos und breit wie ein Säugling. Oder wie ein Fisch im Wasser?
Der Baron grient. „Haben wir heute gute Laune, ja?" Er beugt sich tiefer, berührt die mit Wasserpflanzen bedeckte Wasseroberfläche mit seinen trockenen Lippen, schielt zur Tochter hinüber und nimmt einen ordentlichen Schluck.
„Papa! Und wieder schlürfst du! Warum schlürfst du nur! Ich könnte es verstehen, wenn das Wasser heiß wäre, dann muß man unwillkürlich schlürfen, weil man zusammen mit dem Wasser Luft zieht!" Amelia drohte mit dem Zeigefinger. „Aber das Wasser ist doch kalt! Kalt! Pfui, Papa, wie häßlich! Wie häßlich und beleidigend! Ja, Papa, häßlich und beleidigend!"
Amelia schmollt.
Der Bedienstete bläht sich auf und ruft in den rauchenden Spiegel wie in einen Brunnen: „Mein Name ist Soldat Matthias Schaunwald!"
Das helle Falsett des Jungen prallt vom Spiegel ab.

„Sei dir da mal nicht so sicher!" Die schadenfrohe Stimme der Mutter dringt durchs Kissen. Der Rauch verzieht sich, und Madis sieht das Gesicht der Mutter. Gerade eben.
Die Saunametsa-Liide steht über das schmale Bett gebeugt und blickt dem Sohn forschend in die Augen. „Da hab ich wohl einen Krieger für die Herrschaften geboren, was! Laß gut sein, du taugst höchstens zum General auf dem Hühnerhof."
Die weißen Runzeln im von der Sonne gerösteten Gesicht der Mutter zucken, und Madis hebt die Hände.
Er schmult durch die Finger und beginnt zu schluchzen. Gerade eben.
Madis kreischt durch die Schluchzer: „Die Reemetsa-Tante hat gesagt, daß keiner im Dorf ... außer uns ... die Hühner hütet! Bei allen sind die Hühner im Pferch, und obendrauf ist ein Netz mit ganz kleinen Maschen! Die Hühner sind allein und brauchen überhaupt keinen Hirten! Man muß bloß aufpassen, daß man Erbsen und Körner hinschüttet, und eine Schüssel Wasser an heißen Tagen ... und Kies brauchen sie auch, den sie scharren können ..." Der Junge schnieft wütend, hebt den Finger wie ein Lehrer, läßt ihn vor der Nase der Mutter wackeln und spricht: „Damit der Sandmagen was zu tun hat."
Die Mutter bindet ihr Kopftuch mit einem neuen, stärkeren Knoten fest zu wie eine Schlinge und rückt ihre Schürze zurecht. Sie horcht ins Nichts und schlüpft zur Schlafkammer hinaus.
Jetzt ertönt aus der Riegenstube nur die grelle spöttische Stimme der alten Frau: „Nur noch Sandmagen und Sandmagen, was andres hört man von dir wohl gar nicht mehr! Da verstehe einer, was du plötzlich für ein Gewese um die Hühnermägen und Kröpfe machst!"
Aus der Schlafkammer dringt der eigensinnige Singsang des Sohnes: „Kopf, Kropf, Sieg, Krieg."
Der schwere Fichtenholzdeckel des Kessels fällt krachend auf den Erdboden. Gerade eben.
Die Mutter ruft verärgert „Heb jetzt gefälligst deinen faulen Hintern aus dem Bett und komm essen! Hast du gehört, du Krieger? Es ist schon mitten am Tag!" Die Mutter hält die große abgearbeitete Hand ans Ohr und horcht.
In der Kammer herrscht Stille. Alle Töne sind erstarrt. Sogar die

Fliegen summen nicht mehr. Auch die Wanduhr mit dem blechernen Gang hat aufgehört zu ticken.

Die Alte reißt sich das Wolltuch vom Kopf und die Moospfropfen aus den Ohren und erstarrt. „Aber nicht doch! Sollte ...?" Sie wagt nicht weiter zu denken. Die alte Frau hält den Atem an und macht den ersten Schritt. Sie wankt.

Jetzt dringt unter der braunen zerlumpten Decke das leise Weinen des Jungen hervor.

Ja, gerade eben.

Die Alte winkt ab.

Alles ist wieder gut.

Inhaltsverzeichnis

DAS BRAVE KIND

9 Die kleine Lilli aus Noarootsi
16 Das stumme Mädi
20 Das brave Kind
27 Geheimsache
32 Golf
39 Der Schulmeister

KAISA UND DER TOD

47 Kaisa und der Tod
56 Im blühenden Roggen
63 Kiss me, Kate
67 Der Glückstag
72 Die Tanne des Generals

DIE STINKENDEN HANDSCHUHE DES CHEFS

79 Das Interview
86 Die stinkenden Handschuhe des Chefs
92 Die Baronesse
96 Der Mond
101 Der Rettungswagen
106 Soeben